| 中国当代研学丛书 |

文化

道与用

器物的逻辑

王立夫 | 著

图书在版编目（CIP）数据

道与用：器物的逻辑／王立夫著．—北京：中央编译出版社，2020.3
ISBN 978-7-5117-3805-9

Ⅰ.①道…
Ⅱ.①王…
Ⅲ.①古器物—研究—中国②艺术—设计—研究
Ⅳ.① K870.4② J06

中国版本图书馆 CIP 数据核字（2020）第 004830 号

道与用：器物的逻辑

出 版 人：	葛海彦
责任编辑：	郑永杰
责任印制：	刘　慧
出版发行：	中央编译出版社
地　　址：	北京西城区车公庄大街乙 5 号鸿儒大厦 B 座（100044）
电　　话：	（010）52612345（总编室）　　（010）52612339（编辑室）
	（010）52612316（发行部）　　（010）52612346（馆配部）
传　　真：	（010）66515838
经　　销：	全国新华书店
印　　刷：	三河市华东印刷有限公司
开　　本：	710 毫米×1000 毫米　1/16
字　　数：	213 千字
印　　张：	16
版　　次：	2020 年 3 月第 1 版
印　　次：	2020 年 3 月第 1 次印刷
定　　价：	78.00 元
网　　址：	www.cctphome.com　　邮　箱：cctp@cctphome.com
新浪微博：	@中央编译出版社　　微　信：中央编译出版社(ID: cctphome)
淘宝店铺：	中央编译出版社直销店（http://shop108367160.taobao.com）（010）55626985

本社常年法律顾问：北京市吴栾赵阎律师事务所律师　　闫军　　梁勤
凡有印装质量问题，本社负责调换，电话：（010）55626985

跨越设计的思考（序一）

梁 梅

虽然以前就知道王立夫勤于思考，对设计实践和设计理念多有心得，但当他把他这些年写的文章发给我，希望我能为他即将出版的文集写点什么的时候，我还是吃了一惊。没想到几年不见，他居然写了这么多文字。对于一个学艺术设计，而且平时教学任务又很繁重的教师来说，我知道写文章对他们是多么痛苦的一件事。

在这本集子里，收录的多篇论文，既有他对中国传统设计的研究和思考，也有对国外经典设计的解读和分析，还有他自己对当代设计一些热点问题的理解和认识。

文集中有多篇是写彩陶的，对于彩陶的关注，一方面是因为王立夫的家乡甘肃是中国彩陶最重要的发掘地，对彩陶既有理论上的了解也有对实物的认知，在彩陶的写作上有自己的地理优势；另一方面，彩陶作为中国传统设计中的重要内容，可以说是中国设计文化的源头，既体现了中国传统设计造型的精美，也包含着中国传统设计在形式和功能上的创造性智慧，以及中国文化在设计上的原初理念，在形式上和装饰方法及功能上都有许多现代设计可以借鉴的元素。在中国当代设计发展过程中，对本民族文化的体现和表达成为重要内容，彩陶文化是中华民族造物文化中极为重要的部分，对彩陶的研究为我们提供了理解中国传统设计的一个路径。但过去对彩陶的研究往往仅限于艺术和文化理论的学者，很少有从事设计和设计教育的实践者有那么深入的探讨，王立夫通过实物和前人的研究成果，对彩陶在造型和装饰上提出了自己的见解，无疑对他本人从事的教学和设计工作都极有裨益。

　　文集中，还有一部分是对现代设计的认识和思考。王立夫在中央美术学院学习期间，接受了西方现代设计历史和发展的系统学习，对于国外现代设计所取得的成果，既有形式上的认识，也有理论上的收获。通过与中国当代设计的比较，他看到了中国现当代设计与西方现代设计的距离。这部分内容，可以说是他对现代设计认识的有感而发，体现出一个从事设计教学者对先进设计观念的理解和思考。

　　王立夫所在的学校远在中国地理意义上的西部，无论在设计信息和设计理论上都很难接触到当代的前沿，但他文章中仍然关注了当代设计最热门的话题，并且对这些设计界关注的问题提出了自己的看法。长久在地方院校，尤其是在地理上比较偏远的地方院校从事艺术设计教育，平时很难接触到新的信息，看到新设计展览和实物的机会也很有限，加之日复一日内容重复的教学工作，很容易让人在专业知识上陈旧老化，如果不是自己自觉努力，通过多种渠道关注当今不断发展的设计理念，很容易与最新的设计潮流拉开距离。与对彩陶研究的不断深入认识和挖掘不同，对设计理念的关注需要不断跟上时代的步伐。王立夫虽然身处设计潮流的边缘，但仍然敏锐地保持了对设计前沿的关注，这一点对地方院校的学子来说是极为重要的。至少当他们毕业走进社会的时候，不会觉得自己的所学与社会有如此大的隔膜。能够有在观念上与当代保持同步的教师，对学生尤其是一件幸事。

考量设计（序二）

张学忠

　　对于设计，特别是艺术设计，我们有太多说不清理还乱的问题，而任何严肃认真的思考，都将成为我们逐步接近设计的引子，并由此引申出一个属于自己的答案。

　　设计行为应该遵循美学原则还是功效原则，从现代设计诞生之初就一直是不同设计师争论的一个焦点，设计应该人文艺术化还是科技理性化，至今我们仍然难以找到普遍认同的答案，就像我们今天谈论包豪斯和乌尔姆时，仍然仁者见仁智者见智一样。我们的设计是应该民族风格化，成为独立民族特有的文化符号，还是应该国际普适化，成为地球村诸多文明交流与矛盾和解的媒介，是我们这个时代讨论最多的一个设计话题。尤其是当一个民族自信心和财富力量膨胀的时候，对这个问题的不同答案甚至会被上升至道德和价值判断的层面。而设计师，如果仅仅致力于职业操守竭力为客户和消费者服务时，也会被批评家质疑，设计师难道不应该为文化复兴和道德重建承担责任？设计师难道不应该为我们今天过度的消费、资源的浪费、环境的恶化承担责任？是的，设计应该是一个崇高的理想主义者的事业，设计师应该是我们诗意栖居的建构者，但是，相信许多从事实际设计实践和现实理论研究的人都会问：怎么能够？

也许这仅仅是关于设计许多难以说清理顺的诸多问题中的一部分,但我怎敢期望更多呢。任何试图寻找可以终结一个设计问题的努力都不啻为天真的异想,设计本身就是矛盾的化身。而且以上问题的出现并不会成为阻挡设计发展的障碍,相反,整个现代设计史就是一部充满论战的批评史,发现设计中的问题,并得到充分的思考和争论,设计才会呈现出她应有的样貌。或许,这正是王立夫在《道与用:器物的逻辑》中为何多从边缘考量的原因。

作为同窗四年的大学同学,王立夫对于设计的深入思考和成果积淀让我也感自豪,而答应撰写序言的任务却让我汗颜并焦灼数日。近年来自己荒于读看设计专业的论文,看到他发给我从传统造物文化到当代设计的系列文集,体味文中透露出的感性抒写和理性沉思,让我深深感佩。中国的当代设计需要本土化、多元化,设计理论研究更需要在排除跟风步潮、原教旨主义方面有所建树。很显然,王立夫的这本文集有理由成为我们逐步接近设计应然的一个引子。

目 录

Contents

观象制器和备物致用
　——从彩陶看史前造物的方法和观念 …………………………… 1
尖底瓶用途蠡测 …………………………………………………… 17
浅谈马家窑文化的源头和类型 …………………………………… 26
从马家窑彩陶看史前乐舞 ………………………………………… 34
马家窑彩陶上的水旋纹 …………………………………………… 52
彩陶上的中华远古文化 …………………………………………… 59
中国史前陶器装饰工艺考略 ……………………………………… 74
史前彩陶上的绘画作品考辨 ……………………………………… 91
甘青地区新石器时代"塑绘结合"彩陶装饰评述 ……………… 102
齐家文化玉器浅说 ………………………………………………… 114
商、西周时期青铜器上的兽面纹研究 …………………………… 122
先秦时期器物标准化生产原因初探 ……………………………… 132
两宋宫廷瓷器浅说 ………………………………………………… 142
管仲"奢靡"消费观对当代设计的启示 ………………………… 153
浅谈西北地区剪纸艺术高度发达的原因 ………………………… 160

陇东皮影的艺术特色 ·· 168
波普设计和设计伦理 ·· 175
阿莱西的产品设计及其启示 ·· 187
从"甲壳虫"汽车看消费者的品牌忠诚 ······························ 198
现代建筑中的传统诗意与哲学
　　——谈安藤忠雄的建筑设计 ····································· 205
密斯·凡·德·罗座右铭"少即多"含义浅析 ···················· 213
Low-Fi 设计中潜在的绿色概念 ······································ 222
虚拟工厂中的设计 ··· 227
创意不该忘记手绘 ··· 235
也谈设计改变生活 ··· 240
后　记 ·· 245

观象制器和备物致用

——从彩陶看史前造物的方法和观念

艺术设计的历史和人类造物的历史一样漫长。在远古洪荒时代,当人们有意识地制造第一件工具时,头脑中必然已经存在其未来造型的预想。也就是说,他此后所采取的一系列活动都是按照特定的目的进行的,人类的造型意识伴随着造物活动萌芽,设计意识在造物过程中逐渐发展,当是不可争辩的事实。但是,在中国远古传说中却将人类所拥有的物品和重大发明都归为圣人所为。比如,伏羲氏发明了渔网教人们用网捕鱼、捉鸟[1];神农氏发明了耒、耜教人们耕种[2];有巢氏发明了房屋使人们定居生活[3]……实际上,中国古人之所以将这些重要的发明都归结在上古先贤身上,其目的大约有二:一是缅怀先贤强化祖先崇拜,提高氏族集团凝聚力和文化认同感;二是强化物品的神性,引导人们养成爱物、惜物的习惯。事实上,器物的发明或有某人某时灵感瞬间闪现的伟大推动作用,但更重要的还是远古先民在劳作中不断积累改进的集体智慧结晶,就陶器的发生而言更是如此。

---

[1] 参见《汉书》:"伏羲作网罟,以田渔,取牺牲。"
[2] 参见《易经·系辞》:"神农氏作,斫木为耜,揉木为耒,耒耜之利,以教天下。"
[3] 参见《庄子·盗跖》:"有巢氏教民构木为巢,以避野兽,从此人民才由穴居到巢居。"

一、观象制器和陶器的创生

关于陶器的产生，目前流行的说法有以下几种。其一是，在陶器发明之前人们已经拥有藤条编织的简单器物，后来先民为提高藤编器皿的强度在上面敷涂上泥土，于偶然或意外中被火灼烧，作为骨架起支撑作用的藤条被烧化后得到比泥土坚硬、更加实用的陶器；其二是，先民于火塘边的泥土经火灼烧后变得十分坚硬这一现象中得到启示，以泥制器再经火烧，从而发明了陶器；其三是，先有弹丸一类的简单泥制器具，这些器具受潮后先民将这些泥器在火烧烘干的过程中得到了品质极大提升且不怕水的陶器。应该说，以上三种说法都有一定的道理，但从目前出土陶器来看，最早的陶器大都带有藤编物或类似印绳肌理，故而大多数学者认为关于陶器的产生，第一种说法正确的可能性较大。

那么陶器的形制和样式又是如何产生的呢？中国古人认为是圣人在对自然万象的观察中得到启示，于"象天法地"的模仿活动中通过观象而后制器。陶器的确可能起源于人类对自然界物质形态或人自身某种形态的模仿，这种模仿源自一个极其朴素的观念，那就是相同的形态可以获得同样或类似的功能。比如，人类从双手合拢可以从溪流中掬到水喝这一行为中得到启示，从而认为半球状中空的果壳也可以完成这一功能，于是就在自然界中寻找半球状的果壳作为饮水的器皿。但是，这种器具在大小上总不能让人满意，便逐渐发展到利用黏土烧制半球状的圆底钵形陶器作为生活饮食器具。就目前考古发掘来看，半球状的圆底钵先于平底盆出现，它们大量地存在于老官台文化至仰韶文化前期。老官台文化距今 7800 年左右，含有我国境内考古发现中最早的着色陶器。老官台陶器大多数带有印绳纹或刻画纹，而时间稍晚的仰韶文化半坡类型的圆底钵多光素无纹，这也就充分说明了造物模仿的成立。

甘肃天水大地湾遗址是史前考古十分重要的遗址，其一期文化无论在时间上，还是文化内涵上都和陕西老官台文化基本一致，因此，按照考古学命名的一般原则，我们可以把大地湾一期归为老官台文化。老官台文化早期的圆底钵刻画纹和印绳纹显示，先民在用陶土仿制藤编器皿时，为了达到相同的功能，同连藤条的肌理也一并被一丝不苟地模仿上去了。大地湾一期出土的圆底钵中又可以分出三类，其中之一是口沿部带锯齿状压印纹饰，通体带印绳纹或刻画纹；第二类口沿部出现2—3厘米磨光带，从腹部开始至底饰印绳纹或刻画纹；第三类在口沿磨光的基础上还饰有一道红色彩带，饰彩的方法是用笔压住口沿绕圈而绘，固此饰彩部位外宽内窄，包住了整个钵体的圆口。就时间而论，第一类圆底钵最早，第三类最晚。(图1)

图1　大地湾遗址一期圆底钵形器演变图示

从以上论述中可以看出，圆底钵明显的发展演变规律，即印绳纹或刻画纹呈减少式发展和口沿部呈光洁化发展两大趋势。这一演变规律清楚地表明，最早的圆底钵完全模仿藤编器物形状肌理，在使用中为了增加舒适度，将与人嘴相交接的器物口沿部制作得越来越光洁。这种发展表明，史前人类在追求器物功能的同时，也在追求器物使用的舒适性。关于器物模仿的另一个典型例子是葫芦瓶，葫芦瓶是仰韶文化半坡类型陶器中较为常见的类型，其形状和我们常见的葫芦完全相同，半坡类型几种典型的陶器中，尖底瓶全部带有刻画纹饰，圆底钵大多不带刻画纹，而葫芦瓶则全部不饰刻画纹，通体磨光是在模仿葫芦的光洁外表，是对自然界生物的成功模仿。

史前人类"象天法地"的造物方法多少带有一点仿生的味道。我们今天谈到的仿生不仅指外形的模仿，还包括功能和原理的模仿。史前陶器的模仿主要是基于功能前提的外形模仿，但也不缺乏更加杰出的例子。现藏中国国家博物馆的船形壶，出土于陕西宝鸡市北首岭遗址，属仰韶文化半坡类型，是一件形制十分特殊的器物。该器两头尖翘，呈椭圆的船形，中部有一杯形口，腹部饰有深褐色渔网形图案。其模仿灵感可能来源于当时人们船行水中下网捕鱼的生活实景，通过模仿船这种人造物的外形来制造盛水器具，显然是一项更加复杂的工作。此外，中国国家博物馆收藏的灰陶鹰尊体现出史前人类更加杰出的造型模仿能力，该器出土于陕西华县，归属仰韶文化庙底沟类型。全器呈一站立的鹰形，头和足刻画得很精准，鹰颈、背部开广口，腹深至足，容积较大，是象形仿生最杰出的史前器物之一。器物仿生并不是史前先民的偶然创造，《周易》爻辞有"制器尚象"一语，后来多作"观象制器"。胡适认为：所谓观象制器，就是见物而起意象，触类而长之，并且认为很多重要的发明都是先有象而后制器。"观象制器"是史前人类造物的根本方法，简单地说，就是模仿，当然这种模仿不仅包括事物的形态，也包括事物的原理；模仿的对象不仅包括自然对象，也包括人本身以及人造物。

与上述两件单件器物相比，呈完整发展序列的仿生陶器最具代表性的莫过于马家窑文化的鸟形壶和齐家文化的鸟形器了。马家窑文化鸟形壶最早出现在石岭下类型中，经马家窑类型发展演变，至半山类型时成熟，马厂类型时逐渐衰落，马家窑文化鸟形器将鸟的形态和罐的功能要求结合到十分完美的境地，是史前造物史上罕见的杰作，现按其发展分期取典型器描述如下。

1. 石岭下类型鸟形壶

石岭下类型鸟形器非常接近鸟的自然形态，壶颈部较细长且偏向一方，另外一方腹部转折处有代表鸟尾的突出短錾，腹部比较圆实，颈部和腹部比例也与鸟类非常相似，体现出石岭下类型鸟型壶在形态仿生方面十分注重写实的特点。

2. 马家窑类型鸟形壶

马家窑类型鸟形壶出土数量较多，与石岭下类型同类器相比，颈部变得粗短，并且呈 S 形状的曲折。腹部变大，多带有环形双耳，尾部的突出短錾多上翘，夸张的造型容易让人联想到缩着脖子休息的鸭子，比较接近鸟的自然形态，同时注重容积，器物形状有由壶向罐发展的趋势。

3. 半山、马厂类型鸟形罐

半山类型鸟形器脖颈进一步变短、变粗，并以曲折的束腰葫芦形造型着重表达鸟的形态意蕴。腹部进一步加大，整体器形呈罐形，写实程度严重下降，与自然界鸟的联系意蕴大于形态。马厂类型的鸟形器与半山相比其形状并无多大变化，只是制作较为粗糙，是整体制陶水平下降的表现。半山、马厂鸟形器将鸟的形态和罐的功能要求结合到近乎完美的境地。

从上述马家窑文化鸟形器造型演变可以得出以下结论：一、就整体造型而言，较早的石岭下至较晚的半山、马厂，鸟形器的脖颈部由长向短逐渐演变。与腹部造型的比例关系是越到晚期，腹部越大，并不断体现出浑圆饱满的特点，容积也越大，整体器皿形状由壶逐渐演变为罐。二、就形态与鸟的相似度而言，早期较注重比例关系，与现实中的鸟相似度高，形态仿生，注重写实。越到晚期，越注重容积，腹部变大，颈部变短，形态仿生反映出向意象化发展的特点。三、无论石岭下类型,还是马家窑或半山、马厂类型,鸟形器都是颈部偏向器身一侧,壶身对应端转折处有一短錾突出,形似鸟尾,从而清晰地表达了器物与鸟的关系。(图2)

图2　马家窑文化鸟形壶发展演变图示

从以上马家窑文化各期鸟形器从出现至衰落发展演变的序列里可以看出,史前人类的仿生鸟形器在良好地传达了鸟的造型特点的基础上,进而表达了某种潜在的文化和精神意蕴,完美地体现了史前先民的形式创造力。一般认为,鸟形器是一种不同于一般器具的特殊物品,它的形状和图案都代表了某种较为特殊的文化含义。在中国人心目中,鸟和太阳有着密切关联。《山海经》中记述:在远古时代,天上总共有十个太阳,他们都居于东方的巨大扶桑树上①,九个太阳居上枝,每天由一个三足的乌鸟载

---

① 参见《山海经·海外东经》:"下有汤谷。汤谷上有扶桑,十日所浴,在黑齿北。居水中,有大木,九日居下枝,一日居上枝。"

一个太阳在空中当值①，大地也因此而得光明，这样天天转换，万物也就生生不息。乌鸟载阳的观念可能由来已久，因为"日中有骏鸟"的鸟形纹饰早在仰韶文化庙底沟时期就大量出现在彩陶上。马家窑彩陶上的鸟纹其跃动飞翔的姿态更是可以让人联想到被火焰包围着的升腾感。载阳之鸟自然会被史前人类作为吉祥物而给予正面的文化信息，或许它于特定的氏族部落人心目中还具有图腾性质。

结合考古发掘，马家窑文化各期出土的鸟形器虽呈完整的发展序列，但就个体遗址而言，均是零星出土，数量有限，许多规模较小的遗址中甚至没有出土鸟形器。但是，它们制作水准都非常高，着彩绘比例非常高，远远高于平均水平。可见，鸟形器应属于较为贵重，拥有特殊文化含义的器物。它们的拥有者一定是一少部分人，或是部落中地位较高的领导者，或是拥有施行巫术的权力者。应该说鸟形器极有可能属于礼器，但即便是这样，史前人类在鸟形器中并没有忽略器物的使用功能，反而是在发展演变的过程中将功能不断予以强化。就其实用性而言，它们甚至比一般的器物更加好用，比如，偏向一侧的壶嘴给倾倒带来便利；颈部结合对应尾部的短錾造型使捧持时更为科学和省力；更为重要的是，所有马家窑文化鸟形器在完美地融合了鸟的造型之后一点也没有影响到器物的容积，也没有增加器物的任何重量，由此可见，先民造物是注重功能，强调"物以致用"的。虽然"备物致用"的观点到先秦时代才有明确的记载②，但通过仔细研究史前陶器就会发现，那只不过是对史前造物的经典总结罢了。

二、备物致用和彩陶造型、纹饰演变

从史前造物的个体和个别器物类型的研究中可以发现，中国史前造物

---

① 参见《山海经·大荒东经》："大荒之中，有山名曰孽摇頵羝。上有扶木，柱三百里，其叶如芥。有谷曰温源谷。汤谷上有扶木，一日方至，一日方出，皆载于鸟。"
② 参见《易·系辞上》："备物致用，立成器以为天下利，莫大乎圣人。"

方法体现出突出的模仿性特征。这种模仿来源于史前先民对天地万物的精细观察，陶器多创生于对自然存在之物的模仿，而后在生生不息的传承中逐渐发展、变化，而所有的演变都遵循实用这一功能标准，器物的形制，大小都是按照使用需求演进的。例如，仰韶文化时期粮食种植还不是很发达，仰韶陶器以盆为主，以盛水器居多。而到马家窑文化时期，随着粮食种植的发展，其陶器则以罐、瓮为主，大形储藏器物越来越多。如目前甘肃博物馆收藏的一件旋纹彩陶瓮，高度达53厘米，腹径接近60厘米，估算其容积可达150升左右。马家窑陶器对容积的重视是农耕经济发展后对器物贮藏功能需求的具体体现。

当然，史前人类在重视器物功能，"备物致用"的同时，也密切地注视着器物的文化含义和美学品质。那些描绘在陶器上神秘而复杂的图形就是最好的例证。研究这些图案我们就会发现一个十分有趣的现象：几乎每一类彩陶图案都遵循着先写实，后变形，最终抽象成几何图形的规律。其中最具代表性的莫过仰韶文化半坡类型的鱼纹，仰韶文化庙底沟类型的鸟纹，马家窑文化石岭下类型中的鲵鱼纹以及马家窑文化马家窑类型中的神人纹了。现简介如下：

1. 仰韶文化半坡类型中的鱼纹演变过程

对于仰韶文化半坡类型中鱼纹以及人鱼复合纹的演变过程已经有多位专家进行过研究，其演变过程也已基本达成共识。最早的鱼纹以具象为主，多为人鱼互喻的复合纹，表现为人面鱼纹，半坡遗址出土的三件早期鱼纹盆最具代表性。其中一件为描绘头部较大、全身漆黑，无鳞无鳍的鲶鱼类鱼，鱼头部表现为人面；另一件描绘的是鱼头身较宽，尾部狭窄，呈三角形有鳞的鲫鱼类鱼；第三件除绘有两条单独鱼纹外，盆中还绘一人面与两条鱼复合的纹样。上述三件鱼纹盆所绘之图案不管是单独鱼纹还是人面与鱼复合纹样，都非常写实。至半坡中期，鱼纹表现形式逐渐变得概括起来，注重鱼头、身、尾、鳍的结构性表现，不再表现鱼的鳞或身体部位的其他细节。在抓住大的特征的同时,鱼头成为表现的重点,有的鱼绘有牙齿,有的鱼无牙齿,仅从头部就可以清楚地区分鱼的类别。至半坡晚期,鱼纹进一步被抽象,具象特征逐渐消失,鱼身体部分演化成曲线与曲线的组合或曲线与直线的组合。头部被三角形代替,但保留了鱼的眼睛以为传神。鱼被抽象成对称的三角形或弧形图案,具象特征完全消失。人鱼互喻给人带来的神秘观念和意象也荡然无存了。(图3)

2. 庙底沟类型的鸟纹演变过程

仰韶文化庙底沟类型的相对年代在半坡类型之后,陶器十分成熟,彩绘发达。庙底沟彩陶上有一种主要图案,它以两头尖细类似"对号"的基本形不断重复,连续旋动组成。苏秉琦先生对此类图案研究后认为,该图案

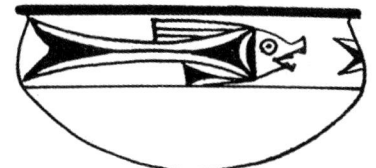

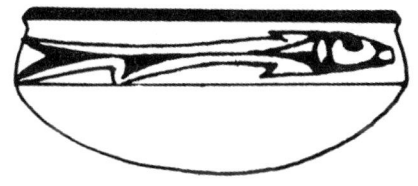

图 3 仰韶文化半坡类型中期出土可复原的鱼纹盆反映出的鱼纹演变图示

表现的母题是花朵,并据此认为,拥有该文化的以陕西华县为中心的史前部落就是以后组成华夏民族的华族。但越来越多的出土器物经研究表明,那些旋动的符号正是展翅飞翔的鸟,是鸟纹图案化后的结果。庙底沟类型

陶器上早期的鸟也以写实形象出现，分侧面和正面两种。侧面图案主要表现鸟的尖喙和长尾，特征突出。正面图案一般将头做圆点，身体呈变形带弧边的三角形，腿足做细线表达，可辨识度非常高。到庙底沟中期代表鸟身体的弧边三角形纹开始围绕圆点旋动，表达了鸟自由飞翔的情态。至晚期则完全抽象化，弧边三角形两端被夸张，拉长变为形似"对号"的勾羽纹。（图4）

3. 马家窑文化鲵鱼纹演变过程

马家窑文化彩陶图案中的鲵鱼纹主要出现在石岭下类型当中。石岭下类型陶器虽然因缺乏典型遗址，导致其研究并不深入，但由于鲵鱼纹在史前文化中仅出现在该时期，鲵鱼纹的形态在写实期很似龙而引起广泛的关注和诸多学者的深入研究，已经证实它有完整的发展序列。鲵鱼学名大鲵，是我国特产的一种珍贵野生动物，因其叫声犹如婴儿啼哭，五趾相连似人手、足，所以又俗称"娃娃鱼"，主要生活在陕西、甘肃、四川交界地区。至今，甘肃天水秦岭山脉南麓一带的溪流中还时有发现。考古地理学也证明5000年前泾渭流域的温度和湿度均高于现在，是鲵鱼理想的栖息地。早期的写实鲵鱼纹完整器共出土两件，都是瓶，均收藏于甘肃省

图4　仰韶文化庙底沟类型侧面的鸟纹演变图示

博物馆。鲵鱼头部表现为人面，身体表现为扭动的有鳞蛇身，前肢带爪，和大鲵十分相似，几乎是完全写实的绘画。中期鲵鱼纹身体部分被夸张变宽，向方形发展，头部尖圆、四肢变短，体现出图案化特点。到中后期鱼身进一步夸张变形，身上的鳞也完全被抽象成网格纹，头和四肢被忽略，爪表现为四角的装饰，但仍然保留了关于鲵鱼的一些特征和意蕴。至晚期鲵鱼完全被抽象为不规则圆中的网格纹。（图5）

4. 马家窑文化彩陶上的神人纹

马家窑文化彩陶上的神人纹，是马家窑文化后期最为常见的纹饰，最为重要的一部分出现在马厂类型的大罐中。最初这种躯干垂直、四肢做波折状的图案被学者误认为是蛙纹。随着考古出土实物资料的增多和半山类型陶器神人纹饰研究的深入，以及马厂类型盆、钵中神人纹头部与躯体四肢齐全的完整形象出现，大多数学者认为此类纹饰为神人纹的变体。

图5 马家窑文化石岭下类型鲵鱼纹发展演变图示

马家窑文化中具象的人物形象最早出现于马家窑类型，据公开资料显示，现出土绘有人物图形的舞蹈盆四件、双人抬物盆一件，另外民间收藏者中也有部分器物上绘有类似的母题。这些图案的共同特点是，全身人物以剪影的方式出现，人物比例得当，形态生动。至半山期，神人纹体现出稚拙的儿童画的特点，神人纹多与谷种纹相结合，刻意表现当时史前先民播种时的形态，有图案化特点，但人物比例关系夸张并不严重。至马厂期，神人纹头部被夸张变大，以宽边包围成圆形并且以细线或网格进行填充。躯干和四肢同宽、四肢波折，关节处多有细线装饰，可能是表现人下蹲、上肢曲举的形态。总之，已经十分抽象，装饰意味浓厚。马厂后期的神人纹则多将头部去掉，以罐口来替代，这可能是因为史前先民的器物多被放置于地上，其观看器物的方式也多是从上向下看的俯视而导致的。最后，神人纹进一步被消解，各部分独立出现，形成新的装饰纹样，波折曲举的四肢和关节转折处的装饰演变成了肢爪纹，完全抽象成几何图案。史前彩陶上的图案几乎都是由写实向抽象发展演变的，可滋证明的例子还有许多，但从说明问题的角度出发提出以上四例已足够，故不再多言。

就大的时间段而言，以上四例图形的发展和演变，仰韶文化半坡类型中的鱼类纹饰早于庙底沟类型中的鸟形纹，马家窑文化石岭下类型中的鲵鱼纹排第三，最晚的是马家窑文化的神人纹。他们所具备的共同特征从上述系列比对中可以看出，都是由具象写实向抽象装饰发展的。但打破系列来比对，单就早期写实而言又是最早的仰韶文化半坡类型的鱼纹最为写实。各种人鱼互喻的鱼纹不仅表现了鱼，更是表现了不同种类的鱼，表现手法也较丰富，线面结合，线条本身也多变而精细，使人很难想象史前人类能够如此精确地描绘身边事物。庙底沟类型中写实鸟纹水准尽管明显低于半坡类型的鱼纹，但还是可以从侧面和正面两个完全不同的角度对鸟进行表现，体现出一定的再现技巧。马家窑文化神人纹在写实期大都是以剪影方式出现，尽管人物比例得当但在写实水平上根本达不到半坡鱼纹的水准。可见单就写实水平进行比较，从纹样系列来看，从半坡到马厂明显呈现下降趋势。

中国史前文化中，就陶器总体艺术水平而言，自开始出现彩陶的老官台文化，到马家窑文化半山类型是一直进步的，马家窑文化半山类型代表了中国陶器的最高水平。那么，为什么表现在陶器彩绘上的写实能力从半坡起反而呈下降趋势呢？这显然不是史前先民能力不逮，而是另有原因，可以说，先写实后抽象，是彩陶图案演进的不变规律，而这一规律被人类的精神功利需求所左右。莫尔根在其著作《古代社会》中指出："人类的造物总是在先满足功用的功利性前提下进而上升至装饰的。"① 彩陶图案的演变也证实了这一点，因为彩陶上的图案一开始并非为了装饰而是拥有具体的文化含义，有特定的功能，是原始先民出于图腾崇拜、氏族认同或巫术观念的需要绘制在器物上的，图案里包含着丰富的文化信息和对美好生活的殷切祈愿，只是至今其文化含义我们还很难破解而已。考古资料表明，绘有人鱼互喻的复合纹的人面鱼纹盆，大都是夭折的儿童瓮棺的盖子。史前人认为万物有灵，人的死亡只是人的灵魂离开了身体，喻人于鱼表示了鱼引导灵魂回归身体的美好愿望。这种解释充分说明了彩陶上的图案是具有深意的，是精神功利需求的产物。

鱼很可能就是半坡先民共同的图腾或氏族神，在器物上绘制鱼纹的另外一个目的是强化图腾崇拜，提高部落的凝聚力。现藏中国历史博物馆的一件葫芦瓶为这一假设提供了更加充分的证明，该器上绘有更加特殊的鱼纹，这条神秘的鱼由头、身、尾三个既各自独立又相互关联的部分组成，身体部位进行了复杂的图形互喻，鱼身体中段的图案内部包含一个人头，人头大张着的嘴巴中又咬住了一只鸟的头颅。显然这是一件祈愿战争胜利的祭祀神器，表达了以鱼为图腾的半坡文化氏族集团企图战胜以鸟为图腾

---

① 莫尔根. 古代社会 [M]. 北京：生活·读书·新知三联书店，1957：495.

的另一个部落的美好愿望。(图6)

彩绘由写实图形向抽象图案演变的过程，反映出史前人类精神功用需要在器物上的逐步消解和视觉审美需要在器物上的逐渐提升。同时，也反映出史前先民对事物认识的深化和逻辑思维的提升。

从上述几种重要图案的演变过程来看，每种图案演变的过程都是清晰的，人们认知任何一种事物其实都是由表象向内涵逐渐过渡的，这是认知的升华和逻辑思维能力提升的表现。从图形语意上分析，具象图形的外延大、内涵小，长于表明事物本身和叙事；而抽象图形外延小、内涵大，含义宽广，富于象征。纵观中外美术史，所有民族的美术都是由具象图形肇启，经过不断演进，深化到相当水准后，最终走向抽象的，史前人也不例外。

图6 仰韶文化鱼鸟葫芦瓶，反映了特殊而复杂的含义

三、万物有灵和器物的神性观

那么我们对史前人类造物观除"备物致用"外又能得出什么结论呢？那就是物品的神圣性。基于万物有灵的认知原则，为了加强氏族内部凝聚力，先民们认为他们的万能的先祖创造的器物提供生活便利的同时，也必然能在更大的范围内帮助氏族集团。当然这需要加上一些能够唤起这些能量的特殊形式，图腾形象在器物上面的反复出现，代表了器

物被赋予神性并有人一样的主观意志。物品除使用外还可以提供更多的精神启示，故此史前人类更加爱物、惜物。

关于器物拥有意识和灵性的看法，我们还可以在史前考古成果中找到另一线索得以证明。以目前公布的考古资料来看，史前人类十分重视丧葬，一般来说居住地出土的器物在品质和数量上都要逊色于墓地出土物，并且氏族成员墓地出土随葬器物大都呈现出特定的组合模式。比如，半坡的钵和瓶组合，马家窑文化的罐、壶、盆组合。显然，这不仅代表了史前人类看重死和葬，更重要的是这些拥有灵性的器物可以在另一个世界帮助到去世的先民。

从出土的器物中我们还可以找到另外一些古人崇敬器具，爱物、惜物的证据。在一些出土的残损陶器碎片上，其边缘部位经常带有一排直径三毫米左右的小孔，小孔呈喇叭形外宽内窄，并可以看到较为清晰的旋钻留下的纹理，部分保存完整的甚至还可以依孔经绳子扎结后复原。很显然这些钻孔是史前人类留下的，也就是说这部分器物在先民使用的过程中就已经碎裂了。先民通过对边打孔用绳子扎结的方式将已经破碎的器物进行了复原，从而恢复了其使用功能。看到这些陶器我们不禁会想，在陕、甘、豫、晋、青、宁地区制陶多利用红黏土（西北民间俗称红胶泥），它们是第四纪温暖湿润气候条件下形成的红色黏质残积物或运积物，广泛分布于上述地区，可谓遍地都是。另外，陶器的烧制也并不复杂，而在相对坚硬的陶器表面打孔在当时的生产条件下却并不轻松，加之通过打孔结绳来复原陶器必须比较密集才能奏效，因而每一寸左右的裂纹处要打两个孔。这样一来，用这种方法来复原器具并不比制作一件新器物轻松多少，况且复原后的陶器无论在功能上还是观感上和全新器物都是无法相比的。那么就只有一种解释，即器物所具备的神圣性或附加的文化含义使他们不能轻易放弃。

四、结语

综上所述，古人观象而制器，陶器源起于模仿。在模仿的过程中史前先民一直把功能放在第一位，一切器物的造型样式都是按照使用的目的和需求而改变、演进的。论及彩陶装饰的起源，从其先具象神秘后抽象轻快的变化规律来看，彩陶一经发生就包含某种观念性的功利诉求。随着历史的发展，这种附加在器物中的观念和功利诉求逐渐减却，故而彩陶上的图案本身也从这种观念性的功利性需求，逐渐演化为装饰对象。因此，越古老的器物拥有越强烈的精神寓意，在陶器是主要用物的新石器时代，人们普遍认同物品具备的神性，甚至认为器物拥有永恒的价值，对器物的崇拜如同对描绘在器物上图腾的崇拜一样永隽。即使是在陶器出现衰落迹象的马厂时期，史前先民爱物、惜物的根本观点还是没有改变。这也就是在那遥远而落后的洪荒时代，为什么还能够创造出如此辉煌、灿烂的彩陶文化的根本原因。

尖底瓶用途蠡测

一、学术界关于尖底瓶的用途说

尖底瓶，是我国新石器时代一种造型较为特殊的陶器，多出现于泾渭流域仰韶文化遗址中，以半坡类型和庙底沟类型居多，马家窑文化石岭下类型较少，马家窑文化马家窑类型中也有零星出土。它产生于距今6500年前，在距今5000年左右时逐渐消失，存续的时间接近1500年。其分布范围西至甘、青地区，东至河南，北达内蒙古中南部、晋北、冀西北地区。尖底瓶主要的特点是：小口、细颈、斜肩、腹鼓、尖底，两头尖圆，器形整体呈枣核状，但各文化遗址出土的略有差异。尖底瓶器形本身就十分独特，加之尖底放置于平面时不能自立，横陈时容易来回滚动。因此，这种造型奇特，不同寻常，耐人寻味的器物一经发现就引起了学术界的关注，特别是其功能和用途，说法颇多，影响较大的有以下几种：

1. 自动汲水说（汲水器）

该学说认为，尖底瓶是一种自动汲水用具，当尖底瓶被放入水中后，由于浮力和空瓶重心的作用，陶瓶倾倒横陈于水中自动汲水，水满时则自动扶正，古人通过穿系于陶瓶双耳的绳子提起陶瓶，完成取水任务。最早提出这一结论的是中国历史博物馆的石志廉先生，1961年，他于《文物》杂志发表文章认为："在考古发掘中，出土了很多新石器时代的陶器。其中有些小口、大腹、尖底的陶器，因为它的形状比较奇特，不好给它定名。有的把它叫做尖底陶瓶……纵观以上关于甄的记载，和我们发现的尖底陶器的用途和形象，是十分吻合的。故可证明这种尖底陶器，应称为甄。（即垂或缶）是古代的汲水用器。河南洛阳出土的汉代陶井上，所附的陶水斗，也是作大腹尖底的。所以尖底作锥形的原因，按力学原理来讲，汲水时下垂入水，容易注满。同时从字音考察，垂即含有下坠之意，又因其为陶制，故其字从垂从瓦，或从垂从缶，也是有它一定的道理。"①"自动汲水"的水器说在以后的多种学术著作中被相延论证，《半坡仰韶文化纵横谈》一书说，"如果将其两耳系绳放置水面，由于水的浮力和尖底瓶重心的作用，瓶上半部会自动倾倒，下半部离水面翘起；随着瓶内水的逐渐增多，瓶下半部也逐渐下沉，直至瓶盛满水而直立。这种性能是利用了重心与浮体稳定性关系的原理，具有较高的科学性"②。这种说法认为尖底瓶是先民利用重心偏移原理的杰出物品，在汲水时能表现出一种"特别的力学特征"，体现了先民的智慧和创造力。该观点在中国文物考古界、科技界、教育界都占重要地位，影响很大，并且进入了中学历史课本，长期以来，占据主流地位。

2. 欹器说（宥坐之器）

该学说认为尖底瓶是古时国君置于座右，以为不要过或不及之劝诫，有座右铭的意思。《荀子·宥坐》篇中记载："孔子观于鲁桓公之庙，有欹器焉，孔子问于守庙者曰：'此为何器？'守庙者曰：'此盖为宥坐之器。'孔子曰：'吾闻宥坐之器者，虚则欹，中则正，满则覆。'孔子顾谓弟子曰：'注水焉。'弟子挹水而注之。中而正，满而覆，虚而欹，孔子喟然而叹曰：'吁！恶有满而不覆者哉。'"著名设计理论家张道一先生认为，论语中孔子观鲁庙时发现的"宥坐之器"就是尖底瓶，但是张先生就尖底瓶的最初用途

---

① 石志廉. 谈谈尖底陶器——甄 [J]. 文物, 1961 (3).
② 西安半坡博物馆编. 半坡仰韶文化纵横谈 [M]. 北京：文物出版社, 1988：99.

并没有做出解释。"欹"是倾斜的意思，也正是由于尖底瓶的独特外形，注水后会出现"中而正，满而覆，虚而欹"的效果，这样用尖底瓶只有在装一半的水时器身才会保持平衡，水满时会倾覆，用其打水反而会变得"事倍功半"。所以，张道一所持观点应该和自动汲水之说是正好相反的。

3. 祭器、礼器说

王仁湘先生认为，"尖底瓶的意义主要可能还不在于它是一种欹器，不在于它在汲水时表现出的特别的力学特征，而主要在于它的小口，可以保存盛水不致蒸发或荡溢，这是干旱少水地区的特有水器，它分布的范围最能说明问题"①。他推测尖底瓶的功能很可能与祭天、祈雨活动有关。尖底瓶分布的范围大体上处在我国干旱少水的地区，尖底瓶的形制和功能强制性地要求使用者只能盛少量的水，通过原始巫术活动（即弗雷泽所谓"交感巫术"）以少量的人间之水招引天上大量地降雨。尖底瓶是仰韶先民在缺水、干旱时节施行巫术活动时所使用的器物，而且也寓含着节水、惜水的思想和警示。王仁湘先生的观点别具一格，他似乎在承认水器、欹器说的基础上突出了"交感巫术"的功能而提出礼器说。

苏秉琦先生认为，"大量使用尖底瓶的半坡时代正处于社会转变期，有些彩陶应属'神职'人员专用器皿，当时或已出现了脑力与体力劳动的分工"②。他进一步认为，"小口尖底瓶未必都是汲水器。甲骨文中的酉字就是尖底瓶的象形。由它组成的会意字如'尊''奠'，其中所装的不应是日常饮用的水，甚至不是日常饮用的酒，而应是礼仪、祭祀用酒，尖底瓶应是一种祭器或礼器"③。小口尖底瓶要成为容、盛酒的祭器或礼器，前提条件是 6500 年前的半坡时代是否已经产生了酒呢？李仰松认为，"我国谷物酿酒在距今八千年前已经开始，仰韶文化中也发现一些可能是用于向小

---

① 王仁湘. 仰韶文化渊源研究检视［J］. 考古，2003（6）.
② 苏秉琦. 关于重建中国史前史的思考［J］. 考古，1991（12）.
③ 苏秉琦. 关于重建中国史前史的思考［J］. 考古，1991（12）.

口器内灌注酒汁的陶漏斗器"①。祭器、礼器说因为有类型排列和比对作为扎实的研究基础，加之新石器时代生产力水平低下，巫术活动频繁的事实和尖底更加利于瓶捧持和悬挂而不能支撑壶身直立的使用方式使祭器、礼器说影响深远。

4. 农业浇地之器

孙宵在其论文《欹器与尖底瓶考略》一文里认为，"尖底瓶重力学原理并不是通过水中直立来体现的，而是被人们巧妙地利用于农业灌溉之中……人们利用陶瓶装水后的重力来做功，使其灌溉十分便利。灌溉时，只要手提瓶绳，陶瓶即可倾覆，达到浇地之目的"②。需要指出的是，孙宵和王仁湘虽然都认为尖底瓶就是后来的欹器，但在尖底瓶最初的用途上观点出入极大，孙宵突出的是浇地的农业灌溉作用。

5. 魂瓶说

2007年4月《社会科学评论》发表朱兴国文章称，"尖底瓶取象于果核，'酉'字取象于尖底瓶，尖底瓶和'酉'字的含义是由果核这种物象的象征含义所决定的。由'酉'字和'奠'字的字义可知，古人把取象于果核的尖底瓶应用于墓葬，是希望尖底瓶能够像果核那样，凝聚起旧一轮生命的魂，孕育出新一轮生命，使生命轮回不息——尖底瓶是魂瓶"③。无论是西安半坡还是临潼姜寨尖底瓶确实多出土于墓葬而且数量巨大，在氏族成员的墓中几乎是每个都有。另外，以河南洛阳为中心的新石器时代聚洛遗址中，瓮棺多类似尖底瓶，一般由两个类似尖底瓶的非完整器物对接而成，用来安葬夭折的婴儿。这些考古发掘都成为"魂瓶说"的有力论据。

6. 炊器说

该学说认为，尖底瓶使用时以颈部为支托，尖底为支点，功能是通过

---

① 李仰松. 我国谷物酿酒起源新论 [J]. 考古, 1993 (6).
② 孙宵. 欹器与尖底瓶考略 [J]. 文博, 1990 (4).
③ 朱兴国. 也说尖底瓶 [J]. 社会科学评论, 2007 (4).

转动烧煮食物。韩文彬在《尖底瓶烧水之奇巧》一文里提出，尖底瓶不是敬器、汲水器，而应是古人炊煮食物的炊器，"给其注水，转动煨火烧水熬汤的专用炊具——籴壶"。"炊器说"可谓想象力丰富。

二、学术界对尖底瓶的对比研究及实验

尖底瓶不但延续的时间非常长，出土数量也很多，仅1972年在陕西临潼姜寨新石器时代遗址一地就发掘出为数150个左右的小口尖底瓶。不同考古学文化和不同区域出土的尖底瓶形状差别较大，同一区域同一文化类型的也分早、中、晚，因时间不同而有差异和变化。尖底瓶时代分期特征比较明显，是研究仰韶文化的标准器。因此，不同的小口双耳尖底瓶可能有不同的用途，不能单独推测，一概而论，应该先仔细排比，再下结论。苏秉琦先生对尖底瓶发展序列进行过深入的比对研究，现将其研究转述如下：

苏秉琦先生在《关于仰韶文化的若干问题》一文中，对庙底沟和半坡两种文化类型的尖底瓶就型制和演变发展序列进行过专门研究，他以时间先后为顺序各分四式。庙底沟类型尖底瓶典型特征为双唇小口，按照发展序列分为四式：一式，重口，溜肩，筒形腹，钝尖底；二式，套口，溜肩，鼓腹，瘦或稍肥尖底，无耳；三式，子口（直口），圆肩，亚腰，乳状尖底；四式，侈口，圆折肩，亚腰，钝尖底。从Ⅰ—Ⅳ的发展序列来看，庙底沟类型尖底瓶口部由小变大，胫部变长，腰由直变折，底由尖变纯。（图7）半坡类型葫芦口尖底瓶区别于庙底沟的双唇小口，其演变序列也分为四种样式：一式，壶形口，溜肩，筒形腹，尖底，腹部饰细绳纹；二式，罐形口，溜肩，鼓腹，尖底，腹部饰细绳纹；三式，杯形口，溜肩，鼓腹，肥尖底，器身上下两端绳纹磨掉大部分；四式，碗形口，圆折肩，钝尖底，仅器身腰部保留绳纹。从半坡类型尖底瓶Ⅰ—Ⅳ式发展序列可看出，口由罐形向碗形变化，腹部鼓度逐渐加大，腹部绳纹呈减少发展。（图8）

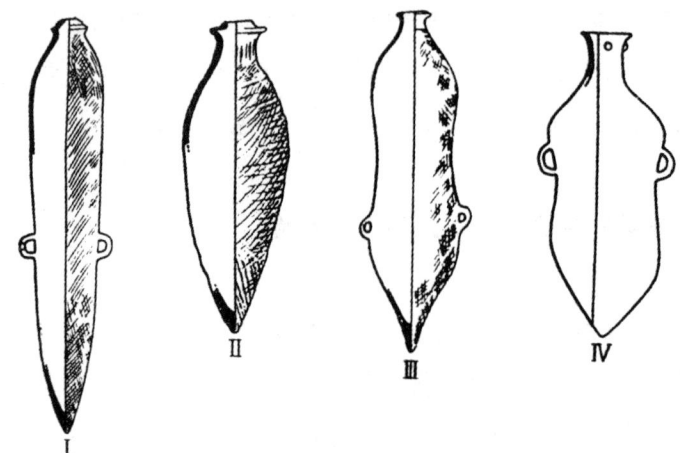

图 7　苏秉琦先生列出的庙底沟类型尖底瓶演变图

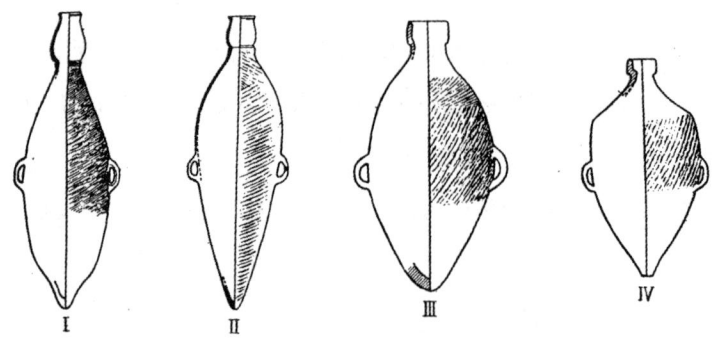

图 8　苏秉琦先生列出的半坡类型尖底瓶演变图

苏先生通过对尖底瓶的研究："认为仰韶文化半坡和庙底沟两种文化类型分属于华族和夏族（汉族），尖底瓶起始于其文化发生和最初形成的阶段。也就是说，两种文化类型是平行发展的。"① 然而，以后诸多的考古发掘和研究证明半坡早于庙底沟，是仰韶文化的两个不同发展阶段。但不

---

① 苏秉琦.苏秉琦考古学论述选集［M］.北京：文物出版社，1984：169.

管怎么说，苏先生对尖底瓶运用类型学的方法排比研究的结果还是为我们厘清了尖底瓶的发展变化规律。结合苏先生的研究可知，庙底沟类型四种样式的尖底瓶，其中第一、第三类双耳的位置偏低，双耳高度占瓶高的三分之一左右，这种瓶只有在盛装很少的液体的情况下才能正常提携。第二类底瓶腹部无耳，故不可能穿绳汲水、提携。第四类尖底瓶为喇叭口、罐形，大口尖底罐汲水提携会漾洒，因此，不符合器物演进的一般规律。

半坡博物馆的孙霄、赵建刚等研究人员，于1988年对馆藏的一批仰韶文化尖底瓶进行了汲水实验。结果发现，"半坡类型绝大部分尖底瓶因盛水后重心高于瓶耳而倾覆，因此不能用来自动汲水"①。1989年，他们又和北京大学力学系的专家合作，用数值模拟方法对半坡博物馆的7个样品尖底瓶和一个石膏模型进行仿真实验，结果表明，其中有5个瓶具有"虚则倒斜、中则正、满而覆"的性能，2个瓶具有"虚则正斜、中则正、满而覆"的性能，只有一个瓶具有"满而不覆"的性能。实验研究表明，多数瓶入水后会自动倾倒至水平状态，可以自动进水，但由于"满而覆"的性质，不能达到自动汲水的功能。他们认为，尖底瓶"至于为什么做成尖底而又不便安放、双耳偏下而形成'满而覆'的形状，恐怕要作多方面的综合研究"②。这一研究结果无疑对影响最大，一直占据主流的"自动汲水说"予以了沉重打击。另外，出土的尖底瓶集体表明，其制作所用陶土均以细泥为主，制作方法以"泥条盘筑"法为主，没有发现夹砂和掺和其他原料的现象，器物上面也没有发现有烟火长期烘烤的痕迹。

三、结论

从上述研究中可以得出如下认识：

---

① 孙霄，赵建刚. 半坡类型尖底瓶测试 [J]. 文博，1988（1）.
② 王大钧，唐琺，张菁，孙霄，赵建刚. 半坡尖底瓶的用途及其力学性能的讨论 [J]. 文博，1989（6）.

第一，半坡尖底瓶和庙底沟尖底瓶有其各自的演变规律。其中，庙底沟类型的尖底瓶一部分没有耳饰，有双耳者位置也偏低，双耳高度占瓶高的三分之一左右，并且器身十分修长，腹部鼓度较小，并不适合汲水。半坡类型的多有耳饰，小口适合汲水，但是，绝大部分"满而覆"，也不具备自动汲水的功能。因此，自动汲水说也就不能够成立。

第二，仰韶文化中尖底瓶数量较多，特别是半坡类型，其墓葬器物多呈一钵一尖底瓶组合，是研究仰韶文化的标准器。如此众多的陪葬数量，证明了它不可能是祭器、礼器，只可能是生活、生产实用器具。

第三，尖底瓶制作水平较高但装饰水平不高。尖底瓶带彩比例极低，就目前公开资料看，全国各地的博物馆中收藏带彩尖底瓶总量不超过4件，带彩比例不足百分之一。半坡类型腹部多饰细绳纹，庙底沟类型多通体饰细绳纹，装饰水平的低下进一步印证它们不可能是祭器、礼器，只可能是生活、生产实用器具。

第四，尖底瓶制作时所用陶土以细泥为主，不掺和沙石，冷热收缩比较低，热量不能够传导，不适宜炊煮食物。所有出土尖底瓶极少发现火烧烟熏痕迹，不掺和沙石的细泥陶器遇到火会炸裂，因此不可能成为炊具。

第五，以河南洛阳为中心的大河村类型中期（前4000—前3500年）新石器时代聚落遗址，虽然流行的瓮棺形状酷似尖底瓶。但是，这些瓮棺都不是完整的器具，不能确定它们一定就是尖底瓶。另外，目前发现的瓮棺葬具样式较多，瓮、缸、罐、瓶、盆均有，大多数多瓮棺绘有精美的象征性图案，特别是瓮棺的上盖，彩绘图案尤其精美，尖底瓶器形小于瓮棺，若为魂瓶，其彩绘图案必定会非常精美。另外，尖底瓶最早产生的年代就已经有瓮棺葬存在，那时的瓮棺葬多以大口罐和盆组成，所以更不能证明它们就是当时的魂瓶。

从考古发掘中得知，在遥远的仰韶文化时期先民们就已经开始种植粟、黍、稻、油菜、芥菜、白菜等农作物，原始农业已经出现。尖底瓶利于悬挂，可以被挂在半空的横梁上，避免了与潮湿的土地直接接触，若用其陈放谷物种子，能有效地避免装在其中的谷物受潮、霉变或提前发芽。在收获谷物后，先民选取发育良好者作为种子装在尖底瓶中，待到来年使用，所以尖底瓶的功能之一是贮藏种子的器物。春天，先民们开始新一季的谷物播种时，将尖底瓶斜挂在腰侧，那时可能还采取的是刀耕火种的方式，所以每掘一个种植孔，都要倾倒几粒种子。尖底瓶的整体器形与斜挂方式都使这一过程非常方便和省力，并且小口又不至于一次倾倒出太多的种子，导致手不能盛而洒落田地，所以尖底瓶应是服务于原始农业的种子存储器。这里需要特别说明的是，庙底沟类型的尖底瓶 2 式腰间没有耳，1 式和 3 式的耳都很偏下，说明此 3 式尖底瓶并不宜斜挂于腰侧。结合近年出土者有形体很大的，不适宜携带，这类可能仅作种子贮藏器用，因为底尖且器形修长，着地也能起到免使贮藏的种子受潮的作用。

古人讲求"物以致用"，加之那时器物的种类也不像今天这么丰富，一种器物往往含有多种用途。所以尖底瓶这种可以随身携带的贮藏器应该是一物多用的。仰韶文化时代，先民能种植的谷物是有限的，驯化的家畜也是有限的。为了获取更多的食物，他们还必须同时进行狩猎和采摘，以有效利用大自然的恩赐。尖底瓶分布的范围大体上为干旱少雨，黄土丰厚的地区，虽然距今 6500 至 5000 年前，但那时该地区的气候条件远比现在温暖、湿润，但是在考古发掘中，上述地区还没有发现人工种植果树的任何相关资料。所以，当时采摘的果实应该是野杏、山梨、毛桃、山楂、野葡萄、沙棘、山核桃、毛栗子一类颗粒较小的浆果和坚果。尖底瓶很好地承担了盛装这一任务，这些浆果和坚果装在尖底瓶里既不容易撒落，亦有利于储藏，同时也方便食用。

综上所述，尖底瓶应是贮藏器，它是一种复合功能器物，当然它最主要的用途是储藏谷物种子和容盛采摘的浆果和坚果。

浅谈马家窑文化的源头和类型

马家窑遗址由瑞典学者安特生于1923年首先发现于甘肃省临洮县的马家窑村，由于安氏最初认为该遗存是仰韶文化的一种地方类型，为了与河南、陕西的仰韶文化相区别，故称之为甘肃仰韶文化。1944年，夏鼐先生到甘肃进行实地考古发掘，认识到所谓甘肃仰韶文化与河南仰韶文化有颇多不同，应将临洮的马家窑遗址作为代表，另定名称，始有马家窑文化一词。在1961年出版的《新中国的考古收获》一书上开始正式使用马家窑文化这一考古学文化名称。

马家窑文化出现于距今5700多年前的新石器晚期，前后持续接近2000年。主要分布于黄河上游地区及甘肃，青海境内的洮河、大夏河及湟水流域一带，在甘肃东部的泾河、渭河上游及西汉水、白龙江流域也有不少遗存。马家窑文化的主要特点是制陶业非常发达，其彩陶器型丰富多彩，图案极富变化、绚丽多彩，是远古先民创造智慧的完美体现，是世界史前文化发展史上无与伦比的造物奇观，是我国彩陶艺术发展的顶峰，享有"新石器时代彩陶之冠"的美誉。它辉煌的艺术成就不可能一蹴而就，长期以来关于马家窑文化的归属、源头问题，以及和其他考古学文化之间的关系讨论一直没有停止过。

一、马家窑文化的源头和石岭下类型

石岭下遗址位于甘肃省武山县石岭下村，是裴文中先生于 1947 年在甘肃进行田野调查时首先发现的。新中国成立后，又多次复查，1962 年甘肃省博物馆在该遗址复查时得到了一批研究价值较高，造型、制式、花纹都十分特殊的器物。人们将它们作为一种具有独特特征的文化类型提出来，并正式命名为"石岭下类型"。自"石岭下类型"的概念提出以来，关于它的归属问题的争论就一直没有停止过，归纳起来大致有三种看法：一、认为石岭下属于独立的史前文化，应该名之以"石岭下文化"；二、认为石岭下归属仰韶文化，属于仰韶末期，由庙底沟类型发展而来；三、认为石岭下属于马家窑文化，是马家窑最早的类型，也就是马家窑文化的源头，曾经长期主持甘青考古发掘工作的谢端琚先生就持这一观点。[①]

武山县石岭下村出土的石岭下类型器物虽然比较少，但是其彩陶独特的制式和花纹（特别是它独有的棕色彩绘和变体鱼鸟纹），还是为其研究提供了类型标准。后来在天水罗家沟遗址发现了庙底沟、石岭下、马家窑从下到上的三叠关系，为三者之间的先后顺序及相互关系提供了重要的例证。1980 年，考古工作者在青海民和阳洼坡遗址发掘中发现石岭下类型器物，这是该类器物最西的分布地。1981 至 1990 年发掘的天水师赵村和西山坪两处遗址，都发现了大量石岭下类型的器物。甘谷灰地儿出土器物表明，它是一处以石岭下类型为主的遗址。另外，秦安大地湾四期出土器物与石岭下类型基本一致。大地湾考古为甘肃东部地区的新石器文化建立了较为完整的发展序列，揭示了在这一地区史前文化的整体面貌以及发展历程。大地湾四期下层大地湾三期属于庙底沟类型，上层大地湾五期非常接

[①] 谢端琚. 甘青地区史前考古 [M]. 北京：文物出版社，2002：60.

近马家窑类型。

从一系列的考古发掘来看，石岭下类型出土范围主要集中于陇山以西的天水、武山、甘谷一带，最远辐射到青海。其地域范围没有超出马家窑文化的地域界限。就石岭下陶器来看，石岭下类型和马家窑类型在陶器的形状、制法、纹饰等方面相近和相承的因素很多。石岭下类型器物多以瓶、壶、瓮为主，盆、罐次之，器物向高发展，陶质以橙黄为主，这些都与马家窑器物特征相符。另外，石岭下陶器壶、瓶、瓮口沿多外撇（即喇叭口），与马家窑类型器物一致。从纹饰上看，变体鱼鸟纹为石岭下所独有，石岭下变体鱼鸟纹无论从飞跃的动感还是以圆点定位做二方连续水平展开的骨式法则来看都和马家窑类型的水旋纹有更多的关联，只不过马家窑的旋纹更繁复罢了。以圆点、弧线填充，形成图案是石岭下类型和马家窑类型纹饰中的共同特征。

马家窑类型与石岭下类型遗存分布范围大部分是重合或交错的，尤其是在渭河上游均为分布最集中的地区，差别只是马家窑类型往西边延伸得更远些。从师赵村、灰地儿、傅家门、西山坪、大地湾四期等多个遗址采集的石岭下类型碳标本经过碳14年代测定，其绝对年代为公元前3690—前3023年，和马家窑类型年代上早晚衔接较紧，且多处遗址发现两者在地层上存在叠压关系。从文化内涵上观察，它们也存在着较多的上下承袭关系的遗物，反映出它们是一脉相承的。可以做这样大胆的推测，马家窑文化接石岭下类型的薪火在天水一带开启，向西传播，并影响到青海、宁夏。考古资料表明马家窑类型不可能从异地迁徙而来，因而只能由从陇山以西的石岭下类型发展而来。①

石岭下类型自被提出至今没有发表过正式的发掘报告，其资料多源于与其他类型文化有叠压关系的遗址，缺乏典型资料，标准比较模糊，但就

---

① 戴春阳. 试论马家窑文化的渊源及有关问题［J］. 西北史地，1988（3）：42-50.

目前考古资料来看，石岭下器物特征明显，纹饰独特，鲵鱼纹、变体鸟纹及连弧纹这三种典型纹饰不出现在其他任何一类型的器物之上，具备很高的艺术价值。石岭下类型虽然上接仰韶文化庙底沟类型，但是石岭下器物表现出的文化特征和庙底沟相比较更接近马家窑类型，因此，石岭下应归属为马家窑文化，并应视为马家窑文化的早期类型。

二、石岭下类型彩陶的艺术特色

石岭下类型的陶器陶质细腻，陶色以橙黄色和砖红色居多，造型和着彩都很有特色。首先，从造型上看，器形有瓶、罐、盆、壶、瓮等，与仰韶文化相比较器物向高发展，特别是长颈瓶，颈部细长，体现出礼器特征。瓶、壶、罐口沿部位均向外翻，形似喇叭，盆和瓮数量较少，也口唇外翻，陶器制法以泥条盘筑法为主，有明显经过慢轮修整的痕迹。器皿对称规矩，器表多进行抹、压、磨、刮等修整工序，因此光滑明亮。其次，着彩独特。石岭下陶器上多施有彩绘，彩绘有红、黑、白三色，但均单独呈现，没有复彩和先以一色打底再用另一色描绘的现象。偏褐色的红彩在石岭下彩陶上最为常用，彩绘有的饰满全身，其彩绘纹饰既不同于仰韶文化庙底沟类型，又有别于马家窑类型。具象图形和抽象图案兼具，有非常高的学术价值和艺术观赏性，主要纹饰有人面鲵鱼纹、蛙纹、群虎相扑纹饰，变体鸟纹、旋涡纹、平行纹、波浪纹、网纹等，其中鲵鱼纹和变体鸟纹最为特别，为石岭下陶器所独有。现分述如下：

鲵鱼在天水当地因其叫声似婴儿，前爪酷似人手又称"娃娃鱼"，生活在天水、陇南一带的溪水中。现出土石岭下鲵鱼纹瓶早期结合人面，身体与肢爪部分形象逼真，栩栩如生。以后鲵鱼纹身体部分被夸张变宽向方形发展，头部尖圆、四肢变短，体现出图案化特点，最后抽象为不规则的圆形网格纹。鲵鱼纹不仅为石岭下所独有，而且拥有完整的发展序列和独特的文化含义。有学者将鲵鱼视为龙的早期形象。国内学者何新、刘志雄、杨静荣经考证后认为，彩陶上的鲵鱼纹是"龙"的早期母图。也有学者认为马家窑文化半山、马厂时兴盛的神人纹是经由鲵鱼纹演变而来。以上两论虽有争议，但人面与鲵鱼身体的结合所表现出的寓意表明，鲵鱼当是石岭下史前先民的图腾应无异议。(图9)

图9　精美的马家窑文化石岭下类型彩陶

变体鸟纹主要表现鸟的头部和颈部，一般作为主要纹饰与中心为杏圆的莲弧纹饰相配合，以二方连续的形式配置在陶器颈部或者上腹部。图形旋动精美、寓意深刻，从其自身演变过程可以清晰地反映出马家窑类型彩陶水

旋纹的演变过程①，对于揭示两者之间前后承袭关系意义重大。（图10）

图10　马家窑文化变体鱼鸟纹到旋纹演变图示

另外，1979年在甘肃秦安大地湾四期M211号灰坑出土了一件石岭下类型的两兽相斗纹彩陶罐，猛兽双耳耸立，两目圆睁、龇牙相扑，身上的花纹和蜷举的长尾似为虎形，为彩陶中仅见的猛兽纹样，为揭示史前渔猎生活提供了重要参考，也体现出石岭下类型陶器的艺术水准。

三、关于边家林类型的确定

长期以来关于马家窑文化的分期和包含的类型，学术界多有分歧，马家窑文化的分期，按目前较为流行的说法一般分早、中、晚三个阶段，即马家窑、半山、马厂三个阶段、三种类型。《中国大百科全书·

---

① 谢端琚. 甘青地区史前考古 [M]. 北京：文物出版社，2002：69.

考古学》"马家窑文化"条目中也指出，马家窑文化一般分为马家窑、半山和马厂三个类型，分别代表三个发展时期。但是随着实物资料的增加，上述三类型的划分明显不够精细，不利于研究工作。当然，随着考古资料的增加和研究的深入，新的文化或类型名称的出现和淘汰，都属正常。

前面已经就马家窑文化的源头和石岭下类型的归属进行了论证，因此，应该把石岭下类型纳入马家窑文化，它属于马家窑文化的早期阶段，是马家窑文化最早的类型。另外，随着考古资料的增加，表明在马家窑和半山两类型之间存在着一些过渡性器物，这些器物以康乐县边家林遗址和武都掌坪遗址为代表，原来它们都被统一归入马家窑类型，但是从近20年甘肃各地出土的马家窑彩陶器物来看，它们和马家窑类型体现出较大的差别，似乎二者之间有必要再进行细分，在马家窑和半山两类型之间再分出边家林类型或许更加科学。

1981年发掘的康乐县边家林墓地出土的一批器物较为特殊，后来发现的小坪子遗址，武都掌坪遗址出土的器物都与边家林高度相似。它们既和马家窑类型差别较大，又异于半山类型，另设类型有利于彩陶研究的深化。实际上，对美术考古学和彩陶研究非常之深的张朋川先生认为应该以边家林、掌坪等遗址为代表单列一新类型，他在其著作《中国彩陶图谱》中把马家窑文化列为文化三，将掌坪、边家林等遗址出土的陶器单列为文化三－3，位于马家窑类型（文化三－2）和半山类型（文化三－4）之间①。

边家林一类的彩陶既异于马家窑又异于半山，"这一时期不仅起承上启下的作用，而且自身的文化特点也很鲜明。陶器以壶为主要器形，出

---

① 张朋川. 中国彩陶图谱——图谱部分文化三－3［M］. 北京：文物出版社，2005.

现并流行单耳器"①。边家林一类的彩陶独特的重点在于彩绘上。首先，从彩陶着色上看，马家窑彩陶以黑彩为主个别兼具白彩，而边家林以只饰黑彩为主，个别红黑两彩并用。其次，从彩陶图案上看，马家窑彩陶以旋纹、水波纹、同心圆等曲线构成的图案为主，线条匀细，饰彩部分和不饰彩部分宽度非常接近，图底面积对比均衡，体现出工笔画般柔美细腻的艺术感受。而边家林彩陶除旋纹、水波纹、同心圆等曲线构成的图案以外，还有大量的十字纹、米字纹、折线纹、网格纹等直线为主构成的图案，线条宽窄变化剧烈，饰彩部分图多底少，面积对比夸张，体现出因对比强烈产生的大开大合的美感。再次，从彩绘骨式法则上看，马家窑彩陶中圆点定位的骨式法则在边家林中不见，边家林多以上下层次划分中的粗线为骨式，水平方向上对称分形，完全不同于圆点定位曲线流转的马家窑。另外，马家窑彩陶中没有的黑红彩加锯齿纹组合，在边家林彩陶上已经出现，这种半山彩陶的典型装饰风格证明了边家林和半山的前后继承、替代关系。而边家林彩陶也不同于半山，一是，边家林不见半山类型中最常见的神人纹，半山不见边家林类型常见的折线纹；二是，边家林类型通体着彩的典型装饰手法在半山彩陶中几乎绝迹。所以从彩陶艺术研究角度出发将边家林另列类型是很必要的。

  如前所述，关于马家窑文化的分期和类型，应该在马家窑、半山、马厂三个阶段、三种类型的基础上增加石岭下类型和边家林类型。石岭下类型属于马家窑文化早期；马家窑和边家林类型属于马家窑文化中期；半山和马厂类型属于马家窑文化晚期。

---

① 张朋川．中国彩陶图谱——图谱部分文化三-3 [M]．北京：文物出版社，2005：57．

从马家窑彩陶看史前乐舞

东晋王嘉的志怪小说集《拾遗记》记载：伏羲"丝桑为瑟，均土为埙，礼乐于是兴矣"，也就是说早在遥远的伏羲时代，乐舞就已经比较成熟，非常兴盛了。史前考古也证明了这一记载是可信的，马家窑文化彩陶为我们揭开史前乐舞的真实情况提供了实物依据。马家窑彩陶中不仅有大量的陶制乐器，彩陶盆上还描绘有表现史前乐舞的生动画面。

1973年秋，青海大通县上孙家寨墓地在发掘甲区第二十号汉墓时，在墓道西侧清理出一座被严重破坏的马家窑类型墓葬，编号M384。在出土陶器中，出土了一件描绘史前乐舞生活的艺术珍品——舞蹈纹盆。（图11）经过初步研究，发掘单位青海省文物管理处考古队在《文物》杂志1978年第3期上以《青海大通县上孙家寨出土的舞蹈纹彩陶盆》为题给予了详细介绍。文章描述"主题纹舞蹈纹，五人一组，手拉手，面向一致，头侧各有一斜道，似为发辫，摆向划一，每组外侧两人的手臂画为两道，似反映空着的两臂舞蹈动作较大而频繁之意，人下体三道，接地面的两竖道，为两腿无疑，而下腹体侧的一道，似为饰物"。并进一步指出舞蹈纹盆"给人以深刻印象的是：先民们劳动之暇，在大树下，小湖边或草地上，正在欢乐地手拉手集体跳舞和歌唱"。

资料的公开发表引起了巨大反响，以青海省文物管理处考古队的初次诠释为基础，蠡测其主题以还原马家窑时期舞乐文化的研究文章多有发表，目前较为流行的解释概括起来主要有以下六种：（1）和谐乐舞说。以张朋川为代表，认为"马家窑类型彩陶的人物纹，注重表现现实生活。最引人注目的是人物舞蹈纹，使人感受到氏族人们在水畔泉边翩翩起舞的美妙意境"。（2）集体庆丰说。以王克林、王真为代表，认为"三组舞蹈纹之间五至八道弧线纹，在相反的两组弧线纹之间，各有一条斜行的柳叶形宽带纹，它象征着植物的茎秆和叶子……反映了马家窑时期的妇女们在集体跳庆祝或希望农业丰收的舞蹈"。（3）巫术娱神说。以李泽厚、戴春阳为代表，认为史前人类的宗教祭祀活动离不开舞蹈，"舞蹈纹盆表现了史前先民取悦神灵时的巫术活动场面"。（4）狩猎舞说。以金维诺、汤池为代表，认为舞蹈纹盆表现了史前先民在丰收之后，将猎获物的皮毛装饰在身上，表演着"击石拊石，百兽率舞的狩猎舞"。（5）生殖崇拜说。以李锦山为代表，认为舞蹈纹盆中的"舞蹈者为裸体男性，其胯间突出之物应是勃起的阳具，舞蹈内容似与祈殖仪式相关"。（6）收藏器

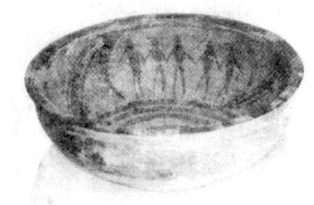

图 11　舞蹈纹盆——从上至下依次为大通上孙家寨、武威磨咀子、日本收藏、会宁牛门洞和同德宗日舞

物说。还有人认为舞蹈纹盆的价值在于观赏，应该与今天收藏美器的情况相类似，是部落首领或巫卜者收藏的器物。以上诸说各执一据，本文拟通过考察新的资料进行较为详细的解读和界定。

一、新发现的几件舞蹈纹盆

多年来对舞蹈纹盆的研究多以大通县上孙家寨出土的为依据，伴随着新的考古发掘，又有几件绘有舞蹈纹的马家窑文化彩陶盆出土，现介绍如下：

1. 武威磨咀子舞蹈纹盆

1991 年，考古工作者在甘肃省武威市新华乡磨咀子遗址采集到与大通上孙家寨非常类似的舞蹈盆残件。复原后，该盆高 14 厘米，口径 29.5 厘米，敛口，鼓腹，下腹内收，平底。口径虽然略大于上孙家寨出土的舞蹈纹盆，但下腹内收幅度亦大于前者，因此两者容积相若。其内壁绘有两组各九人手拉手集体舞蹈的纹饰，舞者头、腹均用圆点表示，下肢绘三股竖线。

2. 会宁牛门洞和日本藏舞蹈纹盆

1994 年 5 月，在甘肃省会宁县头寨乡牛门洞马家窑文化遗址又出土舞蹈盆一件。该盆高 13 厘米，口径 33 厘米，内壁绘有三组各五人手拉手舞蹈人物形象，头用圆点表示，人物上身均呈倒梯形。三组人物之间以弧线纹和柳叶形宽带纹相隔，盆内底部中心绘有直径约 4 厘米的圆点，外壁绘波浪纹。另外，李水城在《人物舞蹈纹盆·锅庄舞及其他》一文中介绍了日本收藏的一件马家窑文化舞蹈纹盆，该陶盆上面的彩绘图案与会宁牛门洞所出基本一致，只是尺寸略有差别，故二者可以合为一组。

3. 同德宗日舞蹈纹盆

1996 年，在青海省同德县巴沟乡团结村宗日遗址第 157 号墓发现一件精美的舞蹈纹盆。该盆侈口卷唇，小平底，高11厘米，口径24.5厘米，内壁绘两组分别计为十一和十三人的手拉手集体舞蹈人物形象。人物头、腰、臀均以圆点表示，有四人下肢用两道竖线表示，其余均用一道竖线表示，没有尾饰和头饰。两组舞蹈人物之间以弧线纹、柳叶形宽带纹和圆点纹相隔。

二、舞蹈纹盆广义主题解读

虽说上述彩陶盆的形制和纹饰都高度接近，但仔细分析就会发现它们所反映的信息还是有差别的。综合讨论四组五件舞蹈纹盆，显然可以得到更加可靠的线索，并据此可以澄清先前研究中的一些错误和偏执。

1. 不存在男女共舞的现象

李锦山以为"孙家寨舞蹈纹盆中舞者腰下有显示男性特征的突出物"，认为上孙家寨舞蹈纹盆中的人物为男性。也有学者认为上孙家寨舞蹈纹盆中舞蹈者头部突出物为辫发，臀部突出物不是男根，应该是尾饰，故为女性。就舞蹈者的性别单纯以人物形象判断，会宁牛门洞出土的那件特征最为鲜明，牛门洞舞蹈纹盆三组十五个人物中，头均用圆点表示，无辫发，上身呈现为倒梯形，臀部紧窄，双腿有力，体魄强健，整体形象一观便知是男性。从此组中日本收藏的一例可以清楚地观察到其中一组拉手人物中五个人双腿的交叉幅度俱有变化，表明舞蹈者侧身程度有所不同，该组最中间的舞蹈者双腿交叉点最高，双脚距离最大，为四分之三的大侧身，双腿交叉点上部的突出物应该是男根无疑，更加证明了此组舞蹈纹盆中的人物俱为男性。武威磨咀子舞蹈纹盆两组共计十八人中，头和臀两个部位均以圆点表示且臀部圆点明显大于头部的圆点，臀部之下以三股竖线表示，似着垂地长裙，虽然脑后没有发辫，但舞者体态优雅、轻盈，应该表现的是腰细臀丰的女性形象。同德宗日舞蹈纹盆内描绘的两组人物，也没有尾饰和头饰，臀部同样以大圆点表示，也全部是腰身纤细、臀部丰腴的女性形象。

五件舞蹈纹盆中，会宁牛门洞和日本藏的两件表现的全是男性；武威磨咀子和同德宗日两件表现的全为女性。上孙家寨的性别特征虽然模糊不清，但是三组人物形体特征几乎完全一致，应视为同一性别，或全为男性，或全为女性。也就是说五件舞蹈纹盆中所绘人物性别各自统一，均不存在男女共舞的现象。

2. 人物分组均成单数

四组五件彩陶盆人物分组情况是上孙家寨为三组各五人、磨咀子为两组各九人、会宁牛门洞和日本所藏均为三组各五人、同德宗日为两组分别计十一人和十三人。也就是说，单组人物共计十三组，均成单数，分别是五、五、五，九、九，五、五、五，五、五、五，十一、十三，所有队列均为单数，不能视为巧合，应该是刻意的安排。

3. 文化含义稳定

五件舞蹈纹盆中最重要的元素舞蹈者的绘法差异不大，排列方式一致，且均为单数，构图方式和伴生花纹的区别也都很小，体现出稳定的文化含义。四组五件彩陶舞蹈纹盆除日本收藏的一件出土地不明外，其他四件都有确定的出土地点，分别是定西、武威、大通、同德四地，除大通和同德距离较近外，其余相距均近千里之遥，空间上相隔甚远。加之，史前时代交通极不方便，但舞蹈人物形象的表现方式、组合方式及其伴生性纹饰却高度相似，图形骨式法则基本一致，人物均呈手拉手排列的方式，应视为高度仪式化的表现，证明图形本身具备稳定的文化含义，因此，五件舞蹈纹盆的主题和用途从广义上讲应该是一致的。

4. 舞蹈者装束可繁可简

从装束上看上孙家寨舞蹈纹盆舞者的脑后披有辫发或装饰物；会宁牛门洞和日本收藏的两件舞蹈纹盆之舞者，除身体以外没有任何多余的装饰，表现的好像是裸体；同德宗日舞蹈纹盆上面的舞者腰臀间的圆点很大，应为下身着短裙的写照；武威磨咀子舞蹈纹盆上面的舞者臀部圆点下面绘三股竖线，应该是长裙垂地的表现。也就是说，不同舞蹈纹盆的舞者装束有明显的差异，四组五件舞蹈纹盆中，一件舞蹈者带有头饰或尾饰，两件表现为裸体，一件着宽大的短裙，一件着垂地长裙。从舞者的装束繁简变化可以推断，舞蹈举行处于不同的季节中，证明史前舞蹈纹发生的频率比较繁密，在广义主题一致的前提下各自特定主题似乎仍可以细分。

综合上述四点，特别是舞动者必须以奇数为组，男女不能混合编组，以及表达了完全相同的文化含义几点来判断，可以推知舞蹈纹盆反映的广义主题，表现和记录的应该是史前先民举行巫术通灵活动的场面，舞蹈纹是巫舞的写照和反映。

马家窑文化时期，由于认知的原因，人类不理解诸多的自然现象以及人的生老病死等自然规律。他们在万物有灵观念的基础上，通过简单的抽象和集中，认为每一种生物、每一类事情都存在一个统一的神灵，并代表着该生物种群或事情本身。正如弗雷泽指出的，他们认为"世界在很大程度上是受超自然力支配的，这种超自然力来自具有人性的神灵们，他们和他自己一样，凭一时冲动和个人意愿而行动，又像他自己一样极易因人们的祈求怜悯和表示希望与恐惧而受到感动。在一个被如此想象的世界里，而开化的人认为自己影响自然过程以谋自身利益的这种力量是无限的。以为通过祈求、许诺或威胁，就可以从神灵那里获得好的气候与丰盛的谷物"。因此，史前巫术活动不仅频繁，同时也涵盖了人类生活的方方面面，春种秋收、婚配交媾、避邪祛灾、送病疗疴、扫天止雨、招魂还魄、生死庆祭都需要施行巫术。另外，从考古资料看，"在武山傅家门的房址和窖穴内发现带有阴刻符号的卜骨共 5 件，上面不仅有灼烧的痕迹，还有简单的刻画符号"。这就表明马家窑时期和殷商的巫卜已经有基本相同的表现形式。

频繁的巫术活动，一定经常伴随着舞蹈来完成"娱神"或"驱邪"的任务。在史前时代，"巫"和"舞"是紧密地联系在一起的，它们很可能同出一源，而后逐渐分流。"巫"在《辞海》中被解释为："古代称能以舞降神的人"。可见，"巫，是人神之间的媒介，舞，是人神沟通的一种语言，舞蹈纹彩陶，刻画巫、舞的演变。巫、舞成为统一体，是原始社会低下生产力水平下特殊的、必然的产物"。

可以想象，在实行大型巫术活动时，一个非常重要的环节就是部族成员组成的连臂舞蹈表演。人们手拉手男女分开以奇数编队，舞动时整齐划一，呼号时声震山岳。连臂舞最能显示氏族团结的力量和决绝的信念，以强烈的方式沟通着天、地、神、人。因此，应最能满足娱神或祛邪的目的。为了加强巫术施行的效果，表现人物连臂舞蹈的舞蹈纹盆应运而生。它是施行巫术时庄重的器物，也是小型巫术活动不能组织众多的族人共舞时成为连臂舞蹈的代替者。因此，"舞蹈纹"盆当是庄重的娱神之器，跨越千里其图案及其骨式基本不变，也不能改变。可以说舞蹈纹盆上的图案是史前人连臂而舞，集体进入迷狂过程的真实写照。

然而，四组五件舞蹈纹盆上，同为拉手之舞蹈，但纹饰中人物的装束不同，舞蹈的节奏和韵律也不同，说"舞蹈纹盆反映的应该是史前先民举行巫术通灵活动时的场面，舞蹈纹是巫舞的写照和反映"仅仅是广义的主题解读。而如前所述，巫术活动充斥于史前人类生活的方方面面，因此，这些舞蹈纹同为"巫舞"，反映的具体主题却可能不尽相同。仅仅从上述资料还不能确认诸舞蹈纹盆所表现的"巫舞"的具体内容，要得出更加深入的结论，就不得不引入马家窑文化半山和马厂两个类型彩陶中具象的似舞蹈人物纹等资料进行补充考证。

三、半山和马厂彩陶上的具象似舞蹈人物纹含义蠡测

一般认为马家窑文化共分石岭下、马家窑、半山和马厂四个类型，且

它们前后承接。作为马家窑类型的发展和延续,半山和马厂彩陶中也多有具象的似舞蹈人物形象,他们多以单体出现,经常与"十"或"卍"字符号组合在一起。有一部分形象写实程度很高,身份特征更加明显,反映的信息也更加具体,有的甚至可以做比较确定的解读,现选取其中典型者介绍如下:

1. 半山似舞蹈神人纹彩陶罐(图12)

甘肃近年出土,该彩陶腹部两侧面各绘一人物形象,人像头着饰物,上肢向上曲举,身着宽大的垂地长袍,长袍上绘有密集的斜线为装饰,人物周围满布"十"字纹。在此需要指出的是"十"和"卍"字符号在马家窑文化半山和马厂两个类型的彩陶中比较常见,作为辅助纹饰经常出现在神人纹周围。有学者认为:"十"和"卍"字符号"源于原始巫术,表达着人与图腾——自然物——神秘的神体,具有自身相互转化的超自然力"。另外,从文字的角度考证,甲骨文和金文中的"巫"字多写作"十",同半山、马厂两个类型彩陶中的"十"和"卍"字符相类似,从

图12 半山类型舞蹈神人纹彩陶罐

另一面证明了"十"和"卍"是代表巫术通灵活动的特定符号,具有强化巫术效果的作用。该彩陶中人物神态庄严,整个画面充满神秘气氛,进一步印证了他们是史前巫师举行庄严的巫卜仪式的真实写照。那么活动的内容又是什么呢?半山类型的另外一件彩陶可能提供具体的答案,该器收藏于甘肃省临夏回族自治州博物馆,著录于张朋川先生《彩陶图谱》的719图。(图13)其腹部绘有多个具象的似舞蹈神人纹图案,各神人造型基本一致,但上肢区别较大,其中一个手被夸张,神人纹中间点缀中心带点的圆圈纹(此纹饰一般被解读为谷物颗粒)。因此,此彩陶纹饰可以解读为"神人谷种"纹。从人物双手俱上扬,身体略做S形弯曲,悠悠然呈现出舞蹈或高度仪式化的姿态可以确证"神人谷种"纹的表现对象是跳舞的巫师,而非现实中播种的劳动者。

图13 半山类型神人谷种纹彩陶壶

在马家窑文化中神人纹是极其重要的纹饰,有具象到抽象发展的完整序列。伴生于神人纹的图案也非常繁多,最常见的有代表"太阳"的圆或同心圆；代表"农作物"的柳叶形或柳叶形加中线纹饰；代表"田地"的大圆圈系列纹饰等。"太阳""农作物""田地"三者都和农业生产密切相关，这些纹饰应该都源出于祈求庄稼丰收这一巫术主题，但是，它们的继续演变也代表了"神人谷种"巫舞主题的进一步分解。

2. 似神人舞蹈纹样的陶罐

在甘肃、青海近年出土的彩陶中还有多件绘有奇特图案的似神人舞蹈纹样的陶罐。下面以其中高度相似的两件为例进行解读。（图14）此两件彩陶图案基本一致，神人纹面部绘制精细，以三个圆点代表五官，身体较粗，呈中间微鼓的椭圆状，身体两侧向下绘多道斜线并呈对称式排列，代表巫师特殊的衣裳，上肢波折曲举，下肢与上肢同方向曲折，下肢中间绘三层椭圆形圆圈，圆圈的内、外两层绘有密集的锯齿纹为装饰，酷似竖着的贝壳，这种纹饰其实是对女阴的夸张表现。舞蹈神人的周围满绘"卍"字符，如前所述"卍"字符在半山时期已经是代表巫术通灵的具体符号，它具备提升巫术效果的意义。对于此具象类神人纹，有人视之为母系氏族社会的女性崇拜，有人视之为群婚时期的性舞，但无论哪种解释都没有脱离生殖崇拜的范畴。具体分析，此类神人纹衣饰华丽，肢体动作剧烈，充满神秘色彩，特别是周围满布"卍"字符，因此，它们是巫师举行祈求部落人口兴旺之巫术活动的图形化再现。

图14　半山类型生殖巫舞彩陶罐

史前社会由于生产力低下，生产文化是其根本，当时的生产本身包含两个方面，"一方面是生活资料，即食物、衣服、住房以及为此所必须的工具的生产，另一方面是人类自身的生产，即种的繁衍"。在生产、劳动水平低下的史前社会，人本身的繁衍增加非常重要，因为人既是消费者，更是生产者，增加人口是部落强大的前提，人的生产的强烈愿望会自然而然地演化成对生殖及其可知的身体器官特征的崇拜。

从上述两件彩陶具体而夸张的图形表现形式分析，它们的中心意旨一定是祈求部落人丁兴旺。由于认识的简单和粗浅，生殖崇拜在当时表现得非常直观，以女性的外生殖器为核心。他们直观地崇拜缔造生命的外在特征，为此举行盛大的巫术仪式，并且把这一活动记录在特定的陶罐上，因此，这两件彩陶上的似舞蹈神人纹表现的是生殖崇拜活动中的巫师，这种巫舞可称为"生殖舞"。

3. 图案特殊的半山类型彩陶钵和人像彩陶罐

20世纪20年代，安特生在广河瓦罐村征集到一件图案非常特殊的半山类型彩陶钵。（图15）该钵内壁绘一全身人像，以圆形表示头部但上面并没有画出五官，上肢平齐于肩从肘关节起垂直向下，腹部左右两侧各画出五根肋骨，下肢细且短做蹲曲状。此图好像专意表现人体骨架，又好像是现代医学的骨骼透视图，人像周围画有缭乱的平行细线，整个图像有似乱坟中的遗骸，又似鬼魅神秘的舞蹈。无独有偶在天水师赵村遗址出土一件更加特殊的人像彩陶罐。（图16）罐子一面的上腹部，采用堆贴的方法浮塑出一人面，并且在其周围结合绘画表现出一个完整的全身人像。人像腹部呈竖立的杏叶形，中间以一长竖线和三条横线画出似"丰"字的肋骨，双腿分立，双臂表现为半月形似向前环举，头两侧有大的半月形装饰物，主题图形的左侧绘三角纹，右侧绘代表巫卜活动的十字纹，人像无论是装饰还是仪态都体现出令人惊骇的一面，整个图像语义非常神秘。事实上，这种人骨透视图像在彩陶上并不是独例，而是史前艺术普遍的母题，有学者认为"X光或骨架式的画法，在民族学上是代表萨满教宇宙观的一种特别的表现方式"。具体到上面两件彩陶上的骨架式人像，它们反映的主题或许是驱赶死亡或灾难的巫术，这种巫术的用途是"撩病消灾"。这里要特别指出的是，尽管巫术的目的是通灵，但史前巫术"对待神灵的方式实际上和它对待无生物完全一样，也就是说，强迫或压制这些神灵，而不是向宗教一样去取悦和讨好它们"。

图15　半山类型骨架式神人纹彩陶钵　　图16　马家窑类型浮塑神人彩陶罐

从民俗资料来看，巫医活动至今仍然没有灭绝，特别是与马家窑文化分布相重合的西北地区甚至还相当盛行。甘肃河西走廊一带至今流行"撩病消灾"的朴素信仰。施行"撩病"的契机是当孩子生病或精神极度萎靡而又找不出原因时，就会由孩子的母亲或其他妇女手持红、黄、蓝、黑、紫五色彩纸，点燃后在患者头上绕圈，同时口中念驱赶之词，撩完之后把剩余的烧纸连同水和食物送到户外的十字路口泼洒，表示送走鬼神以期望消灾祛病；在宁夏南部，如果施行上述驱邪送病的方法无效之后，就会请被当地人称为"阴阳"的职业化巫师为病人驱邪治病，"阴阳"会按小孩的生辰八字计算有什么"关煞"，然后，请外姓人做孩子的"干大"（干爸），并念"岁经"等经文，达到禳解"关煞"促进痊愈的目的。最夸张的是西北地区至今有老年妇女被称为"顶神的"或者"角子"，她们代表

"神"和"人"沟通，通过"神灵"附体的方式化解人们久治不愈的疾病或连续遭遇的飞来横祸。"降神"时，她们行动异样似舞蹈、口中喃喃不止似诵经，降下消灾的"神喻"。人们按照"神喻"行事就可消除沉疴、化解不祥。另外，甘肃东部地区还普遍存在以剪纸的"拉手娃娃"为道具驱邪祛病的风俗，这种"拉手娃娃"和舞蹈纹盆上面的如出一辙，他们可能是驱邪祛病巫舞的另外一种形式遗留。

黄土高原地形封闭，有保存远古文化的特殊条件，因此，上述民俗应该都是远古巫术的孑遗，其源头大约可以追溯到马家窑或更早的史前时期，参照该地区至今流行"撩病消灾"的朴素信仰，此类具象似舞蹈神人纹可以称为"撩病"舞。

民族学家恩克尔说："所有野蛮人的舞蹈都大有深意。它不是简单的娱乐，而是一种仪式"。通过考证马家窑文化彩陶中具象的舞蹈纹和似舞蹈人物纹，可以确知史前人类的舞蹈以巫舞为主，巫术活动涉及面广且频繁，衍生出的舞蹈也相当发达。可以推知的：有为了获得庄稼丰收而举行的"神人谷种"舞；有为了祈求部落人丁兴旺而举行的"生殖"舞；还有祛病消灾的"撩病"舞等。

四、马家窑文化其他乐舞器具出土情况

除彩陶上集体舞蹈的画面之外，能够直接证明史前乐舞的还有陶制乐器，就目前公开发表的资料查证有以下几种：

1. 彩陶鼓

彩陶鼓在马家窑文化中出土数量较多，马家窑、半山、马厂三个时期均有出土。从鼓的造型样式来看，各期所出土之物器形变化不大，类型差别主要体现在彩绘上。彩陶鼓一般由三部分构成，以一个较小的罐形器和一个较大的广口钵形器中间加一个桶状器相连。三部分均中空，用于系挂

的双耳分别位于两头的罐形器和钵形器中部。在钵形器端头还带有多个爪形突翘或孔洞，应该是用来系挂皮制鼓面的。只在大端口沿设置爪形突翘或孔洞，表明这是一件单面鼓，敲击大端革面以发声，罐形的小端可起共振扩音的作用，同时又能保持鼓身平衡，造型设计体现出相当高的科学性，其高度大都在30—40厘米。

2. 陶响铃

陶响铃是一种类似于现代沙锤的史前摇响乐器，出土数量也较多，有带长颈和提梁以及卵形三种形式。甘肃省博物馆收藏的一个马家窑类型的长颈彩陶响铃其颈部还做成弯曲的蛇形，惟妙惟肖。陶响铃内部均装有陶制或石制弹丸，摇动时可以发出声响，应该是史前打击乐器。（图17）

3. 彩陶哨

1963年，在甘肃省秦安县兴国镇堡子坪出土彩陶哨一件，现藏甘肃省秦安县博物馆。陶哨长5.5厘米，高3厘米。外形十分肖似羊，表示鼻孔的圆孔和腹部相通，为吹响端，尾部有孔为发声端，形制小巧，构思巧妙。

4. 陶号和陶埙

在归属仰韶文化庙底沟类型的华县井家堡遗址发现了一件仿牛角陶号，全器呈弯角

图17　陶乐器——从上到下依次为马家窑文化马厂类型彩陶鼓、马家窑类型彩陶响铃和火烧沟遗址彩陶埙

状，长42厘米。甘肃定西市临洮县还出土齐家陶号一件，素面无彩绘，形状与我们今天用的号基本一致。1972年至1979年，在骊山脚下姜寨遗址发掘出仰韶文化陶埙三件，现均珍藏于西安半坡博物馆。其中两陶埙上端有一个吹孔，无音孔。一件有吹孔和两个音孔，行似蜜桃，陶质坚硬，颜色褐红，通体饰有拍打出的细绳纹。1976年，还于甘肃玉门市火烧沟遗址出土彩陶埙两件，大小分别为9厘米×6.8厘米和7厘米×5.8厘米，两埙形制完全一样，外形似鱼，背面、腹部和腹脊各有一孔，鱼嘴部为吹孔。

上述陶制乐器中从发掘和出土情况看，陶鼓数量最大，分布的范围也最广，充斥于马家窑文化的各个时期，应该是当时最为流行的乐器，陶响铃的形式最多，数量也较多，可能经历了较为漫长的历史，因此表现出丰富的形制。陶号、陶埙、陶哨则比较少见，多为零星出土。这里需要指出的是上述陶制乐器可能并不是最早的乐器。

《尚书·尧典》记载舜令夔任乐官，夔表示接受，并且说："予击石拊石，百兽率舞。"由此我们可以推测，史前乐舞中最先产生的乐器可能是打击类，以石块或木棒的敲击来增强舞蹈的节奏，渲染乐舞的情感气氛。乐舞应该在马家窑文化期之前就已经萌芽。之后，随着史前乐舞的发展，乐器制作也日趋多样化、复杂化。而马家窑文化彩陶中的人物舞蹈纹，以及陶鼓、陶响铃、陶号、陶埙、陶哨等陶乐器的大量出土充分证明了该文化期史前乐舞已经比较发达了。

五、结语

英国著名人类学家泰勒认为，最初的艺术产生于一种与审美无关的巫术动机，它们的目的是增加巫术效果，有着极大的实用功利价值。尽管"巫术是一种被歪曲了的自然规律体系，也是一套谬误的指导行动的准则"，但是，巫术这种现在看起来没有什么成效的技艺，在人类的幼年时代,毕竟体现了人类以实证的方式试图把握这个世界的不懈努力。巫术行为,无论是积极的法术还是消极的禁忌,其操演活动都使人类的行为逐渐归于某种范例,并推进着人类向文明艰难地前进。

史前乐舞可能源自巫术活动,并在广阔的时空范围内发生着、演变着。在马家窑文化所处的时代,就考古发掘的陶器观察,当时不仅有各种主题的巫舞,还有发达的乐器相伴生。

参考文献:

[1] 青海省文物管理处考古队:青海大通县上孙家寨出土的舞蹈纹彩陶盆[J]. 文物,1978(3).

[2] 甘肃省博物馆:黄河彩陶[M]. 杭州:浙江人民美术出版社,2000.

[3] 王真:关于马家窑时期原始舞蹈的几个问题[J]. 史学月刊,1983(6).

[4] 戴春阳:舞蹈纹彩陶盆辨析[J]. 考古与文物,1994(4).

[5] 金维诺:舞蹈纹盆与原始舞乐[J]. 文物,1978(3).

[6] 李锦山:史前生殖崇拜及其信仰[J]. 中原文物,2004(2).

[7] 启星:舞蹈纹彩陶盆说[N]. 中国文物报,1993-6-6.

[8] 薛仰敬:原始舞蹈图像的又一实例——甘肃会宁牛门洞舞蹈纹彩陶盆[J]. 文物天地,1999(6).

[9] 水城:人物舞蹈纹盆·锅庄舞及其他[J]. 文物天地,1998(1).

[10] 宗日遗址发掘队:青海宗日遗址有重要发现[N]. 中国文物报,1995-9-14.

[11] 1985年,广东曲江马坝石峡遗址出土了一个菱形陶片,上面残存浮塑的拉手舞蹈人像,共计5个,其中4个较为清晰,且呈现为裸体,

最右侧的一个仅存人物的下颌、脖颈。从形式上看，它和青海大通县出土的舞蹈纹非常相似，应该同出一源。石峡"舞蹈纹陶片"的发现不仅扩大了舞蹈纹的分布范围，其立体的图像形式也为舞蹈纹的研究带来一些更加确定的因素。

[12]［英］弗雷泽：金枝［M］．汪培基，徐育新，张泽石，译．北京：商务印书馆，2012.

[13] 谢端琚：甘青地区史前考古［M］．北京：文物出版社，2002.

[14] 陈永祥：舞耶·巫耶——马家窑、四坝彩陶中舞蹈纹饰之我见［J］．雕塑，2009（1）．

[15] 吴均：论甘青彩陶纹饰中的卍形等符号的演变［J］．中国藏学，1993（4）．

[16] 在马家窑文化后期半山和马厂阶段中经常出现的神人纹，这种纹样应该是舞蹈纹的变体。半山、马厂神人纹有完整的演变谱系。在其抽象化的发展过程中，首先是将头部抽象成被圆包围的几何图案（它们也有可能是对头戴面具的巫傩形象的具象写照）；其次是去掉头部仅留身躯或是去掉下肢仅留头和上肢；再次是将单独表现四肢的纹饰进一步简化演变成肢爪纹、折线，成为纯粹的抽象图案，并且成为马厂类型陶器中最重要的纹饰。

[17] 此两件彩陶都不是正规考古发掘出土，故而无出土的确切地点，为私人所收藏，但它们属于真品且属于马家窑文化半山类型这两点是确切无疑的。

[18] 恩格斯：家庭、私有制和国家的起源［M］．北京：人民出版社，1972.

[19] 张光直：仰韶文化的巫觋资料［A］．中国考古学论文集．北京：三联书店，1999.

[21] 戴彤心．记华县井家堡仰韶文化角状陶号［J］．考古与文物，

1988（4）.

［22］姜寨遗址. 百度百科［OB/EL］. http：//baike. baidu. com/view/167407. htm.

［23］张明川. 彩陶图谱［M］. 北京：文物出版社，2005：图谱第1318、1319.

［24］陶号和陶埙两类器物不见于公开发表的马家窑文化考古资料中，但是早于马家窑的仰韶文化和晚于马家窑的齐家文化都出现了陶号和陶埙，一般认为马家窑文化是由仰韶文化发展演变而来的，齐家文化又是由马家窑文化发展演变来的。另外，马家窑文化陶埙民间收藏者手中可见。据此推断，马家窑文化时期也应该有此类乐器。

［25］尧典里记载的"石"，也可能指石制的敲击乐器，如磬之类。

马家窑彩陶上的水旋纹

1950年4月的一天，18岁的临夏州积石山县村民戚永仁在一场大雨后于三坪村一处田埂处发现一个橙黄色的高大彩陶罐。这个巨大的"花罐罐"高达49厘米，上面以浓重的黑彩绘有复杂的花纹，敛口丰肩、腹部带双耳、肩部带四鋬，深圆腹向下渐收，平底。纹饰共分三层：上层为变体草叶纹；中层为二方连续的水旋纹；下层为平行水波纹交错游鱼纹。整个陶器雄伟庄重，图案繁缛瑰丽，色彩浓艳如雕漆，画法流畅娴熟，技艺高超。1956年，中国科学院黄河水库考古队甘肃分队在进行文物普查时路过三坪村，该彩陶罐被当时任职于甘肃省博物馆的翟广炜先生发现，马上就被送到了兰州，在兰州经黄河考古队专家组鉴定后定名为"双耳四鋬旋纹敛口彩陶瓮"，后进入中国历史博物馆，被誉为中国的"彩陶王"。（图18）

"彩陶王"是新石器时代中国彩陶文化发展繁荣鼎盛时期的巅峰之作。器形硕大，构图复杂，运笔十分流畅，线条均匀有力、刚劲优美。"彩陶王"上的基本图形可概括为弧形曲线、平行直线、同心圆、半月弧形三角、星形弧形三角等，它们结合得天衣无缝。于华丽中表达出一种生命的韵律感，于炫动中体现出诗意的神秘性。

马家窑文化是一支以农耕经济为主的史前文化。它以黄河上游及洮

马家窑彩陶上的水旋纹 | 53

图 18 中国的"彩陶王",马家窑文化"双耳四系旋纹敛口彩陶瓮"

河、大夏河、祖厉河、渭河、泾河、大通河、湟水等支流域为中心。先民们在这些肥沃、近水的土地上,创造了辉煌灿烂的彩陶文化。史前先民们利用水、依赖水、保护水、治理水,在与水的亲密接触和反反复复的观察、思考过程中,领悟出许多关于水的智慧。他们将水作为最为重要的主题,精心地描绘在彩陶上面。起伏绵长的水波纹和激越翻卷的旋涡纹构成马家窑彩陶的最主要纹饰,其纹饰结构和寓意都有深入研究的必要。

一、"彩陶王"图形语意蠡测

和"彩陶王"相类似的同类陶器在甘肃地区还出土有多件,其中最为接近的莫过于 1977 年出土于秦安安伏乡伏湾村的"旋纹双耳四系彩陶瓮",现藏秦安县博物馆。其造型和积石山出土的中国"彩陶王"几乎完全一致,只是整体器形高约 37 厘米,比起"彩陶王"的 49 厘米来说,小了不止一圈。纹饰分两层:上层为二方连续的水旋纹;下层为平行水波纹交错游鱼纹，在最下部，平行水波纹之下还整齐地绘制了一圈四组 L 型带尖突的钩状物，这种钩状物与我们今天钓鱼所使用的鱼钩样子完全一致。在马家窑类型彩陶上，这种钩状图形也是常见的图案，它们经常和平行水波纹搭配，共同出现在同一器物上。秦安县的这件"旋纹双耳四鋬彩陶瓮"，其主要图案与"彩陶王"基本一致，只是少了"彩陶王"上的变体草叶纹，多了四组鱼钩状图案。因此，这件彩陶上面的钩状图形为解读"彩陶王"上面图案的语义提供了更多的信息。（图 19）

图 19　秦安伏湾村出土的马家窑文化"旋纹双耳四鋬彩陶瓮"和"彩陶王"十分相似

史前时代，黄河上游及其支流一带，气候比现在要温暖、湿润许多，降雨量充沛，河水深广，河中鱼的种类和数量都要比现在丰富，尤其是洮河、渭河以及泾河。《诗经·周颂·臣工之什·潜》中记述："猗与漆沮，潜多有鱼；有鳣有鲔，鲦鲿鰋鲤。以享以祀，以介景福"，其中漆水和沮水都是渭河的支流，充分证明当时泾、渭流域栖息的鱼类多种多样。洮河由于河水较清，栖息的鱼类可能还多于泾渭流域。另外，考古资料也证实，早在半坡时期人类就已经学会了利用鱼钩来钓鱼。西安半坡遗址发现了大量的骨制箭头、鱼叉、鱼钩，秦安大地湾遗址出土的文物中多有骨制的鱼钩、鱼叉；它们磨制精美，且强度较高，形制和我们今天使用的鱼钩几乎没有差别，在尖突处还有类似倒刺的突起物。当时的人们虽然已经发明了渔网，但在水质混浊的黄河上游及其支流，尤其是水流较急的地方，垂钓仍然是一种常用的捕鱼方式，据此我们可以认为，马家窑彩陶上的 L 型带尖突的钩状物图案就是鱼钩。鱼钩纹和起伏绵长的水波纹组合在一起反映了马家窑时期的渔猎生活的一个侧面。

结合马家窑彩陶上配合平行水波纹经常出现的鱼钩纹，我们完全可以将"彩陶王"上面的中层图案，激越翻卷的旋涡纹理解为水和鱼的组合，水旋纹中点定位的同心圆有可能是旋涡中跃出水面的鱼头，旋涡应该是鱼与水的结合。"彩陶王"下层图案，平行水波纹交错游鱼纹，水波纹中有圆点起头的细长曲线应该是鱼，起伏绵长、连续不断的应该是水。因此，"彩陶王"上面的三层图形可以理解为：

第一，上部的草叶纹表示生长在水中的茂盛植物。这是河边滩涂的常见情景的再现，也不排除代表近水的高秆农作物，表明农业与水的关系，也是生活中常见的景象，有祈愿农业丰收的愿望。

第二，上腹部中层旋涡纹图案，是史前先民表现水面曲折迂回、鱼跃水面，漩涡丛生的画面。黄河上游及其支流由于流经世界上黄土堆积最深厚的黄土高原，河水含泥沙量极高，加之水流曲折迂回，因而水面上漩涡丛生，流动旋转又变换不断。游鱼经常跃出水面，跌落时又形成回荡的同心圆漩涡，转瞬间又同流水融为一体，奔流向东。马家窑彩陶上描绘的点定位的旋涡纹正是在表达这种美好的生活画面，它们反映的是从高处俯视水面时得到的视觉感受。

第三，第三层的平行水波纹应该是对河水深处的一种意象性表达。对史前先民来说，漩涡激流下，水起伏流动，鱼游弋其中，怡然自得，它们是大自然对人类的恩赐，在平行水波纹的下面描画鱼钩，是对垂钓现象的图解，可能有期愿垂钓成功的美好愿望。平行水波纹及其下面描画鱼钩的垂直构图方式来源于先民的身体体验和想象，从上到下表达了他们意念中水的垂直截面。

把积石山"彩陶王"上面的图案简单地定义为旋纹，将鱼这一重要的因素排除在外，显然不能涵盖图案所表现的全部内容，也不能体现图案的完整意蕴。马家窑彩陶上有描绘得十分具体的鱼纹，从其发展、演变序列上看，旋纹和鱼纹有一定关联，它可能由鱼纹演变而来，是古人为表现流水和游鱼而创造的复合图形。

二、旋纹及其变体

旋纹除以圆圈或点定位的方式单独出现而外，还经常以鱼为主体来表现。有时游鱼会结合网纹构成更加复杂的图案，有时还会结合人面、构成人面鱼身的复杂纹样，表达图腾崇拜的含义。

1976 年出土于陇西县吕家坪的旋纹尖底瓶就是一件结合游鱼的旋纹典型器物。该器物画面以中心圆做定位点，以四方连续的方式，将图案装饰于器腹，中心带点的圆圈宛如鱼头，弧线犹如游动的鱼身，又好似奔腾的波浪。分散其间的白底小圆圈恰如飞溅的水花，整个画面充满了生命的动感和优美的韵律。

在甘肃省博物馆还藏有两件人面结合鱼身的水旋纹彩陶盆，其中一件为兰州市王保保城出土的彩陶碗，碗内描绘着两条落网的鱼纹，它们卷曲身体，犹在挣跳。另有榆中县麻家寺出土的彩陶盆内，描绘着三条人面鱼纹，鱼身体现为和水旋纹一致的形态，水旋纹中心的大圈为人面形象。尽管图形质朴古拙，抽象程度很高，但其人面的寓意还是一目了然，有图腾的含义。

在马家窑文化半山类型中水旋纹中心的圆逐渐变大，由圆点逐渐扩大为空白，空白再继续扩大使圆内出现填充图案，圆内填充图案由简单向复杂逐渐演变。这些图案以交叉线、米字纹、十字纹居多，还有网格纹和在斜交叉线基础上再填充的菱格纹等。圆圈内网格纹的大量出现，应该是代表了阡陌纵横的耕地，表明马家窑文化半山类型时期农耕文化进一步发达。至此，半山类型中的旋纹和水已经没有多大的关系，它们更多体现了对土地的崇拜，最后，半山旋纹进一步演变，至马厂类型中变成了大圆圈，和水完全失去了联系。

三、旋纹的由来

马家窑文化中的旋纹一经出现就表现出超乎想象的成熟感，那么，这么成熟的图形背后是否有一定基础作为支撑呢？如果我们考察一下石岭下类型中的变体鱼鸟纹，就会发现这种高度发达的图式的由来。变体鱼鸟纹目前一般称为变体鸟纹，是石岭下类型最具有特色的纹样，它是一种由变体的鸟纹与变体的鱼纹共同组成的纹样。以天上的飞鸟与水中的游鱼共用一头，体现了原始先民丰富的想象力和感知世界的独特方式，以及高超的情感抒发和希望表达技巧。变体鱼鸟纹经过组合变形，表达了较为复杂的意蕴。

变体鱼鸟纹，飞鸟和鱼共用一个头，携连飞翔，意境高远。石岭下变体鱼鸟纹起初以表达鸟眼睛的点定位，鸟嘴、冠、颈、翅均以辐射状的曲线环绕来表示，这种图形带有强烈的旋动感，和马家窑文化中的水旋纹基本一致，其二方连续的构图骨式也和水旋纹完全一致，可以说马家窑文化中的旋纹是由石岭下类型中的变体鱼鸟纹演变而来的。

马家窑文化的彩陶被认为是我国彩陶艺术发展的顶峰，享有"新石器时代彩陶之冠"的美誉。它们制作精细，特别是彩绘图案，异常精美，甚至有人认为是我国工笔画的源头，这其中激越翻卷的旋涡纹是造就马家窑文化高峰的重要因素。它们生生不息，永世旋动，像黄河浪尖上的水珠，引领着浪涛的起伏和水滋养的生命，臻成中国彩陶艺术的最高峰。（图20）

图20　旋纹在马家窑文化诸类型中的其他表现形式

彩陶上的中华远古文化

新石器时代，因为还没有产生可以供我们解读的文字，田野考古发掘中出土的史前造物就成了我们研究这一时期最有价值的线索。现代考古发掘已经证明，至少在距今7800年以前，生活在渭水支流葫芦河流域大地湾的史前先民就已经开始制造和使用着彩的陶器。自此，色彩绚丽、图案优美、造型多样的彩陶就成为中华远古文化的重要特征和载体。它们记录着那个时代生产、生活信息的点点滴滴。

安志敏先生认为："陶器的产生是和农业经济的发展联系在一起的，一般是先有农业，然后再发明陶器。"① 可以说彩陶产生、发展和演变的过程就是中华远古文化开启和进步的重要例证。在没有文字记录人类思想的史前时代，彩陶图案所包含的文化寓意远远大于其美学价值，是解读史前人类精神生活不可或缺的资料。史前造物中或许也有饰加了彩绘的木、麻、藤制品，但都已腐朽，留在人体自身上的图案也早已不复存在。因此，彩陶图案的研究对破解史前先民的精神世界和中华远古文化的发展脉络有着"史书"一般的价值，是研究中国文明起源问题的最好物证。

事实上，在考古学上探索中华文化的起源最初就是从彩陶开始的。直

---

① 安志敏. 略论三十年来我国新石器时代考古［J］. 考古，1976（1）.

到20世纪初，中外学者对中国史前遗存的看法或认为是东胡族和通古斯族的东西（以日本学者鸟居龙藏为代表），或认为是蛮夷或戎狄所有（以中国学者章鸿钊为代表）①，不承认中国有石器时代。而正是随着田野考古工作在中华大地上的科学开展，彻底否定了中国不存在史前文明的错误观点，为我国石器时代和文化起源的研究开启了全新篇章。中华史前文明的源起、发展和演变问题伴随着考古发掘活动经过了漫长的研究、争鸣而一步步明晰，从西陶东渐到文化起源于本土，从二元对立到"满天星斗"，以彩陶为基础的器物类型研究成为这些学说不可或缺的重要依据。

要探讨中华文明的源头就不得不提起仰韶文化，提仰韶文化又不得不提及它的发现者和命名者时任北洋政府商务部顾问的瑞典学者安特生。② 1921年4月18日，安特生在观看了其助手刘长山在仰韶村采集到的一批磨制石器后第二次来到仰韶村，进行田野考察。随后，他发现的一些"美丽的彩陶片"使其大惑不解，同时，他又意识到"这些非同寻常的重要堆积、丰富的遗物"必须被仔细研究。同年10月仰韶村在充分准备的前提下被正式发掘，收获了一批石器、骨器和大量的彩陶。发掘期间，安氏及其助手还调查了渑池县和河阴县其他几处史前遗址，并采集到了一批与仰韶村遗址极其相似的遗物。安特生在整理和研究了有关资料后，认为"仰韶文化是中华远古文化，仰韶文化中精美的彩陶片以及精良的骨制工具表明它已经处于一个高度发达的史前文明时期"③。仰韶文化的发现，用实物证明了中国有高度发达的石器时代遗存，使中国无石器时代的论说失去依据。

安特生从仰韶村回到北京之后，对仰韶村发掘到的陶器和石器继续进行研究。他在比对研究中发现，仰韶彩陶和安诺及特里波列的彩陶有颇多

---

① 巩启明. 仰韶文化［M］. 北京：中国文物出版社，2002：16－17.
② 安特生（Johan Gunnar Andersson，1874年7月3日—1960年10月29日），瑞典考古学家、古生物学家、地质学家，中国现代考古学的奠基人之一。
③ 安特生. 中华远古之文化［M］. 地质汇报，第五号第一册，农商部地质调查所，北平：1923.

相似之处，从而生同出一源的感想。"安氏尽管脑子里已有自西向东传播的猜想，但却没有做出片言论断"①。为了发现这种高度发达的史前文化的源头，弄清仰韶和西亚彩陶之间的关系问题，他决定在两地必经之通道的甘、青地区进行田野调查，当然，这一调查是以西陶东渐这个假设为前提的。

1923年春，安特生带领其中国助手踏上了前往西北考古调查的道路。在兰州、西宁等地进行田野调查和小规模试掘后，1924年4月23日，安特生一行由兰州出发，沿洮河南下，经过半年的努力，他们在洮河县发现了辛店遗址、马家窑遗址和寺洼山遗址；在广河县发现了齐家坪遗址；在和政县发现了半山遗址；在青海民和县发现了马厂塬遗址；在民勤县发现了沙井遗址。在一年多的时间里，安特生共发现并调查史前遗址五十余处。1924年10月，回到北京后，他开始对发掘成果进行整理和进一步的深入研究。

1924年，安特生将甘青地区的考古调查整理成题为《甘肃省的考古发现》的简报，发表在瑞典《地学》杂志上。又于1925年在《地质专报》甲种第五号发表《甘肃考古记》长文。安特生在中国的考古收获在国际上引起不小的反响，安诺遗址的发掘者施密特博士、英国的中国陶瓷专家赫步森、瑞典考古学家阿恩、汉学家加尔格林等重要学者都对中国发达的彩陶文化的来源和传播问题提出了自己的看法，但遗憾的是除施密特博士之外，其他学者都认为"仰韶文化是自西亚经新疆传入中国的"②。安氏也将在甘肃地区发现的马家窑、半山两遗址的彩陶和仰韶文化混为一谈，认为它们是仰韶文化的地方类型，故称之为"甘肃的仰韶文化"。在时间排序上，他采用从简单到复杂的一般进化理论及伴生铜器的多少两条线索为依据，将甘青地区所

---

① 陈星灿. 中国史前考古史研究 [M]. 北京：生活·读书·新知三联出版社，1997：119.

② 巩启明. 仰韶文化 [M]. 北京：中国文物出版社，2002：19–20.

获的史前考古资料分为六期进行研究，依次为："齐家期、仰韶期、马厂期、辛店期、寺洼期和沙井期，并为这一排序给出了绝对年代。具体为：齐家期（公元前3500至公元前3200年）、仰韶期（公元前3200至公元前2800年）、马厂期（公元前2900年至公元前2600年）、辛店期（公元前2600年至公元前2300年）、寺洼期（公元前2300年至公元前2000年）、沙井期（公元前2000年至公元前1700年）。"①安特生对河南发现的仰韶文化给出的绝对时间是公元前3000年左右，比巴比伦彩陶出现的时间公元前3500年要晚一些，而甘肃的仰韶期彩陶文化上限在公元前3200也略早于陕西、河南，而且数量比例也占优势。据此，安特生认为"新石器时代晚期，有来自西方的一支以彩陶为代表的先进农业集团进入中国的黄河流域，与原有的土著文化相融合并成为中国的史前文化"②。

安氏"西陶东渐"说不仅在于其认为中国彩陶是由西方经新疆沿黄河流域一路东渐传入中原的，更为重要的是，他认为持有彩陶的西方文化在东渐的过程中其文明和开化程度要远远高于以"鬲"为代表的中国原有土著文化，促进了原有的中国史前土著文化的发展速度。也就是说中国在进入奴隶社会之前，就受到西方文化的强烈影响，加快了发展速度，从而步入了文明社会。"西陶东渐"说包含有"中国文化西来说"观点的某些影子。

早在17、18世纪，随着西方近代科学的蓬勃发展，一些西方学者对古老的完全异于西方的中国文化发生了浓厚兴趣，中华民族的文化起源问题也因此而成为一个讨论焦点。他们根据到过中国的西方传教士提供的有关中国的见闻、风俗习惯、文字、神话传说进行猜想性推论，认为，中国文化源自埃及、巴比伦、印度或中亚等地。这种没有考古学证据的推论是以

---

① 安特生. 甘肃考古记 [M]. 地质专报，甲种第五号，农商部地质调查所，北平：1925.
② 巩启明. 仰韶文化 [M]. 北京：中国文物出版社，2002：21.

"西方文明中心论"为前提而提出的,安氏的"西陶东渐"之说无疑为这种已经沉寂了百年的错误推断提供了复苏的契机。

安特生的"西陶东渐"说和"甘肃史前文化六期"说中包含的许多错误随着田野考古工作的深入开展和考古学研究方法的改进一步步被揭开。

首先是甘肃仰韶文化的概念性错误。1944年,夏鼐到甘肃进行考古活动,他通过更为科学的地层挖掘和更为细致的类型学排比手段,经仔细研究发现"安特生所谓的甘肃仰韶文化实际上与陕西、河南发现的仰韶文化颇有不同,应当以马家窑遗址为典型代表另定名称"①,从而将马家窑文化和仰韶文化两者区分开来。此后,随着甘肃东部,尤其是天水和定西两地区更多的史前遗址被发掘,发现了为数较多的仰韶文化遗存被叠压在马家窑文化遗存之下,从地层关系上证明了马家窑文化和仰韶文化不仅是两个不同的考古学文化,而且就时间先后而言,前者也晚于后者。

其次,马厂期的说法也被推翻,早在1934年,考古学家巴尔·姆格伦(N. Palmgren),应用类型学演变原则分析研究了甘肃仰韶文化的半山期和马厂期的随葬陶器后著成《甘肃半山和马厂的随葬陶器》一书。"他应用一般进化原则、相似原则以及有无原则和频率原则对陶器进行类型学分析研究,得出马厂期是半山期发展而来的结论。"② 事后的考古发掘及碳14测年的结果证实,巴尔·姆格伦的结论是十分正确的。他杰出地运用类型学研究甘、青地区陶器的方法为以后的考古研究,特别是中国的史前考古研究树立了典型范例。

再次,安特生关于甘肃史前文化六期的顺序和绝对时间也存在错误。安氏依据古典进化论,就其所谓的"甘肃仰韶文化"六期是按照陶器带彩比例由低向高排列从而得出发展序列的,齐家期陶器着彩比例最低,据此认为齐

---

① 夏鼐. 临洮寺洼山发掘记 [M]. 考古学专刊甲种第四号,北京:科学出版社,1961.
② 巩启明. 仰韶文化 [M]. 北京:中国文物出版社,2002:55.

家期处于彩陶的萌生或不成熟期,因此而得出齐家期绝对时间最早的结论。对这一结论最早提出不同意见的是西方学者孟欣(Omengcin),"他认为安特生将齐家期的年代定得偏早"①。国内学者徐炳昶也认为安氏的分期缺乏地层根据。吴金鼎于1938年指出,"齐家坪陶器为代表的文化性质是不同于中国文化的地方文化"。刘耀在1939年也指出,"齐家坪遗址是否早于仰韶文化,其间问题很多,不得遽为定论"。

考古发掘的事实和以后科学手段的运用综合证明,齐家文化的绝对年代在公元前2300年至公元前1800年,不仅大大地晚于仰韶文化的绝对年代公元前4500年至公元前4000年,也晚于绝对年代在公元3500年至公元前2050年的马家窑文化(即安特生所谓的甘肃仰韶文化)。造就齐家文化的史前人类是在仰韶文化结束近两千年后才登上历史舞台的,齐家文化本身是石器时代向铜器时代过渡时期的一种金石并用的文化。

当然最为重要的,也是彻底击破安氏"西陶东渐"说的还是随后的考古发掘中证实了中国在仰韶文化之前就已经拥有了持有彩陶文化的本土存在。20世纪50年代在陕西发现了老官台、李家村一类的文化遗址,它们和仰韶文化的差别较大,这些发现在其后的研究中被证明,这一类遗存文化在时间上早于仰韶文化;1977年,宝鸡北首岭发掘首次发现了此类文化叠压在仰韶文化之下的地层关系;1979年发掘的秦安大地湾、1984年发掘的天水师赵村和1986年发掘的天水西山坪三处遗址都发现了仰韶文化半坡类型之下还叠压有更为古老的史前有陶文化。

秦安大地湾遗址发掘的叠压在仰韶文化半坡类型之下的大地湾一期和陕西老官台文化内涵基本一致。陶器以印绳纹三足钵和印绳纹三足罐为主,更为重要的是大地湾一期中出土宽带纹彩陶钵多件,其形制除了有印绳纹和三足外与半坡类型圆底钵并无二致。"在盆、钵形器残片的内腹壁

---

① 巩启明. 仰韶文化 [M]. 北京:中国文物出版社,2002:74.

上常见一些用红彩画的连续性线条或单独个体的符号,种类有13种。有些可能具有记事或表达某种意义的功能。"①(图21)这些介于图画和文字之间的符号,虽然早于半坡文化,但是却和半坡刻画符号多有重合,进一步证明了仰韶文化就是源自老官台文化。大地湾一期陶器上的刻画符号和彩色宽带纹饰透射出文明的曙光。(图22)这些符号大部分属于指事性质,具备特定的语义,被指为中国文字的源头。它们是史前人类精神活动的记录,包含了一定的文化信息,昭示着生活在中国大地上的史前先民此阶段已经有意愿也有能力记录自身的精神生活。

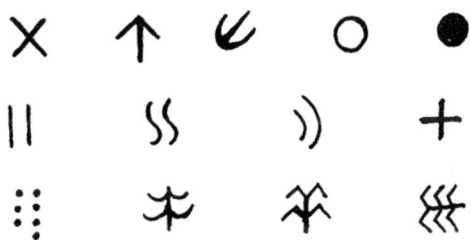

图21 甘肃省秦安县大地湾遗址出土陶器上的刻画符号

图22 陕西省西安市半坡遗址出土陶器上的刻画符号

---

① 甘肃省考古研究所. 秦安大地湾新石器时代遗址发掘报告[M]. 北京:文物出版社,2006:47.

大地湾一期经碳 14 测定其绝对时间在距今 7800 年左右，这里发现的彩陶是中国目前所知最古老的，也是全世界最为古老的彩陶文化之一，和西陶东渐所指的源头哈苏纳文化彩陶为同一时期。因此，黄河中上游彩陶文化源自陕甘交界的泾、渭流域，它们的发展脉络是从老官台到仰韶，到马家窑，到齐家，到四霸，到辛店，再到寺洼和沙井，其传播路线是先从泾、渭流域扩散，然后逆流而进一路向西，不断传播开的，和安特生推测的线路正好相反。

新中国成立以来，考古工作为各级政府所重视，大家都想为源远流长的中华文化找到更重要、更杰出的实物作为佐证，全国各地史前文化遗址的重大发现层出不穷。除新中国成立前有一定研究的仰韶文化和龙山文化两大文化系统外，内蒙古牛梁河、浙江良渚、湖北松泽等重要新石器时代遗址陆续被揭开了神秘的面纱。数量众多的出土彩陶充分推动了以器物形态为基础的考古类型学发展，极大地提升了考古研究水平。考古类型学的基本概念（或者说法则）被苏秉琦先生归结为："1. 典型器物的种、类、型、式；2. 典型器物的发展序列；3. 多种典型器物发展序列的共生、平行关系；4. 多种典型器物的组合关系。"[①] 可见中国的类型学研究是以器物为中心的。

彩陶作为陶器，其制法样式的演变远远快于石器，这可能是因为陶器原材料为泥土，成形可以按人的意愿自由掌握，而石器受制于加工技术和原材料形状，自始至终都变化不大。加之彩陶上千变万化的图案更是类型辨别的另一法宝。所以，诸多史前文化类型学研究的成果都是以史前陶器为中心展开的，如以尖底瓶为标准器对仰韶文化的研究，以水旋纹为基础对马家窑文化的研究等。彩陶为研究各史前文化之间的发展、演变关系以及考古文化学自身内在发展序列提供了必不可少的帮助。另外，彩陶还为

---

① 苏秉琦. 苏秉琦考古学论述选集 [M]. 北京：文物出版社，1984：237.

我们解读史前人类精神文化活动提供了条件，从半坡彩陶上发现的鱼类水族纹和人鱼互喻的杰出绘画我们可以感受到该部落对鱼的崇拜与认同；从庙底沟文化彩陶中的鸟纹中我们也可以感受到他们对鸟的依恋；从马家窑彩陶旋动的波涛和飞溅的浪花图案中，我们可以体会到他们对水的敬畏；从马厂彩陶的变化万千的大圆圈中，我们可以感悟到他们对土地的热爱……

彩陶为史前文化研究作出积极贡献的同时也带来一些困扰，可能是处于不同的考古学文化中的史前人类或可能有相似的思维方式。因此，不同考古文化学中器物之间经常出现高度相似的情况，加之中国持有彩陶的史前文化实在是太漫长、太发达了。在我国辽阔的国土上，迄今发现新石器时代遗址已有多处，它们绝大多数是距今7000至4000年之间的遗存。其文化面貌存在诸多差异，除了一部分存在前后的继承关系外，其他各考古文化学溯其渊源又有什么关系呢？苏秉琦先生认为："考古文化学的区、系、类型问题，是我国考古学，特别是新石器时代考古的一项基本任务。"①

苏先生认为，目前中国有56个民族，在史前时期，部落和部族的数目一定更多。他们在各自活动的地域内，在同大自然斗争的过程中创造出丰富多彩的物质文化是可以理解的。他反对把某种文化和某个族人为地联系起来，把考古文化学与其他文化的关系及上下源流问题厘清楚之前必须做些更基础的工作。这些工作就是考古学文化的区、系、类型的划分。他说："各地同志应立足于本地区的考古工作，着力把该地区的文化面貌及相互间的关系搞清楚。要选择若干处典型遗址进行科学的发掘，以获取可资分析的典型材料。然后，在准确划分的文化类型的基础上，在较大的区域内以其文化内涵的异同归纳为若干文化系统。这里，区是块块、系是条

---

① 苏秉琦. 苏秉琦考古学论述选集[M]. 北京：文物出版社，1984：225.

条、类型则是分支。"①

区、系、类型的研究方法无疑对史前史研究，尤其是史前文化之间的发展演变关系的考证提供了一个新的思路。苏先生以已经公布的材料为依据，以典型的发掘材料为骨干，将全国分为六大区，具体如下：（1）陕、豫、晋邻近地区；（2）山东及邻省部分地区；（3）湖北和邻近地区；（4）长江下游地区；（5）以鄱阳湖—珠江三角洲为中轴的南方地区；（6）以长城地带为重心的北方地区。

新石器时代"区、系、类型"研究方法一经提出，迅速在国内考古学界产生巨大反响，很快成为我国考古研究的指导性方法和学术传统。从结果来看，经过考古研究工作者的努力，考古学文化的区、系、类型理论，确定了各考古学文化的时、空位置及其相互关系，从而为考古学和其他学科的连接建立起一个桥梁，中国考古学体系的建立就可以得到一个可靠的基础。于是中华文明起源问题在本土说的前提下，兴起另一种学说——"满天星斗"说。该学说认为中华文明的形成是在一个相当辽阔的空间内的若干考古学文化共同演进的结果。中华远古文化的起源呈现出多元、区域性、不平衡的发展态势。研究揭示，各地文化达到最辉煌灿烂成就的时间是参差不齐的，它们各自的文明化内容也有所不同，这就暗示了它们在走向文明的进程上，有各自不同的方式、机制、动因，中华文明起源尤似"满天星斗"。

说各民族共同创造了辉煌灿烂的中华文明是正确的，但是文化遗址的尤似"满天星斗"不等于中华文明的起源也是"满天星斗"。"满天星斗"说，认为到处都是文化起源点的观点是分割看待各考古文化，无视相互关联的结果。事实上，史前考古学文化的辐射交流现象是十分突出的，考古学研究应该在一种宏观视野下比较差异，并且随时关照共性，才能够得出

---

① 苏秉琦. 苏秉琦考古学论述选集 [M]. 北京：文物出版社，1984：228.

科学的结论。

通过器物比对，我们就会发现史前文化的器物交叉现象经常发生。比如黄河流域的马家窑文化和长江流域的大溪文化器物相似度很高；我们可以在位于渭水流域的甘肃武山傅家门的齐家文化遗址中找到和黄河中下游地区龙山文化造型基本一致的器物（1986年，武山傅家门齐家文化遗址发掘中得到一件灰陶盉，现藏于甘肃省博物馆的这件陶器无论是在陶质、制法和样式上都更接近于龙山文化）。再比如，秦安大地湾遗址出土的器物和陕西、河南的对应文化相似度十分高，特别是大地湾二期器物（即仰韶文化半坡类型）和陕西西安半坡遗址及陕西渭南同时期遗址之主要器物几乎完全一致。宽带纹彩陶圆底钵、杯形口尖底瓶以及变体鱼纹盆等主要器物都没有差别。另外，马家窑文化覆盖甘肃、青海、宁夏，波及四川、陕西、内蒙古跨越了几个考古学大区，但几乎在各类型期这些散布各地的器物都基本一致。更加让人惊讶的是，"青海民和阳洼坡遗址主要遗存及甘肃临洮马家窑遗址的一些遗物，基本属于庙底沟文化范围"①。这充分证明在同一地域史前文化的你进我退、相互影响是一种常态。

其实史前社会，部落的迁徙实际上比我们想象的频繁。一般认为，陶器的发明是伴随着农耕的出现而出现的。因为人类只有定居了才需要这些器物来辅助他们的生活，这点在考古发掘中也得到了证实。在距今7800年前的秦安大地湾文化一期遗址中发现了碳化的稷的种子，充分证明了当时的史前人类已经培育了粮食作物并开始定居生活。但是由于当时生产力低下，人类抵御自然灾难的能力十分有限，他们时刻要面对水灾、野火，气候异常甚至是地震、泥石流等自然灾害，当这些灾难使原居住地不再适宜居住时，迁徙并寻找适合的新居住地是他们唯一的选择。实际上，这种生命的迁徙是人类原有的本能。按照恩格斯社会发展的理论，在农业和畜牧

---

① 巩启明. 仰韶文化［M］. 北京：中国文物出版社，2002：19-20.

业发生之前，人类以狩猎和采集野生植物为食物来源，如同候鸟一样随着食物的来源而不断迁徙，过着漂泊的生活。因此，史前人类的迁徙能力是用不着怀疑的，更何况这种迁徙带有强烈的生命色彩。

　　史前人类的这种定居生活被意想不到的灾难中断而被迫迁徙，频繁更换居住地的情况下，自然带来不同地域、不同部落间的文化的碰撞和交流。文化之间的交互影响也就成了必然。当然另一种更大的可能，不同地区器物呈现的差异可能是由于地域、环境因素导致的。各地自然条件的差异使史前人类在制造相同的器物时寻找不到完全相同的材料和工具，致使同类器物在异地制造时出现地域特色。比如，同是马家窑文化马厂类型的陶器，就陶质而言，宁夏、青海出土的陶质较粗，不少还有夹砂成分，烧制的温度也较低，从陶器残片的断面中可以清晰地看到中间或有发黑的情况；而兰州、临洮等地出土的陶器其陶质发白，用手抚摸表面有极细而均匀的细微颗粒感，烧制温度较高，陶片横截面色彩一致；天水、陇西出土的马厂类陶器，陶质坚硬而陶色发红，几乎没有夹砂现象，烧成温度较高，断面色彩统一。这些差异首先是因为各地选用的土质不一造成的，另外，宁夏、青海马厂类陶器断面有色差，可能是因为当地森林资源较少，多选用藤条或秸秆为燃料烧制陶器，烧成温度较低，所以造成断面中间发黑的情况。苏秉琦先生也是承认文化插入和渗透的，他在《马家窑文化的若干问题》一文里指出，"甘肃天水地区和四川理县、汶川等地发现的马家窑文化遗存或类似的陶器，是文化插入或渗透影响的结果"。

　　有关中华文明起源问题，从一些特殊器物中我们可以找到答案。例如联体陶器，据目前资料所知，最早的联体器可能是1972年出土于河南省郑州市大河村遗址的仰韶文化的双连杯，其后联体器在马家窑文化遗址中多有出土。1974年，甘肃武都舟曲县掌坪遗址出土有马家窑文化马家窑类型彩陶三联杯，半山、马厂类型中多有双联器，齐家文化中也有三联器和双联器。它们共有的特征有三：一是器形一般较小，最大的高不过20厘米，并且其形状多呈杯的样式；二是联体器内部相通；三是器形单看一般高度大于宽度，个别器物有底座，制作较为精美，有礼器的特征。（图23）

目前对联体器的功能解释主要有三种：一是部落联合和结盟时使用之器；二是氏族间通婚使用的庆祝之器；三是生多胞胎后为谢天庆人用器。无论以上哪种解释成立，我们都可以看出史前先民在使用联体器时共有的文化心理，两物相连，盛物相通，同庆之时你中有我，我中有你。另一个典型的事例是，齐家文化与良渚文化不属于相同的史前考古学大区，但从其亚文化来看，玉璧、玉琮的形制基本一致，用途也完全相同。其差别更多地体现在成器后的刻线装饰方面。可见持有上述两种玉文化的史前部族在举行祭天、祭地这种大礼时表现出相同的文化心理。此外，仰韶文化葫芦瓶和细颈壶上的猪面纹和龙山文化的玉猪龙形象上也十分相近，而两者都被理解为祭祀用器，表达出相同的文化心理。通过器物类型及器物装饰的比对以及特殊器物使用时所表现出的文化心理的探讨，我们看到的更多的是史前人类考古学文化间相互的关联和影响。

考古资料显示，在中华大地上，泾渭流域的史前文明率先达到较高的水准，老官台文化时期人们已经种植粮食作物黍和粟，驯化和饲养着少量的动物，持有彩陶并能通过符号表达自身的精神意图。至仰韶文化时期，其社会在老官台文化的基础上进一步繁荣，影响范围也更加广阔。而良渚文化的繁荣则要在1000年之后，牛梁河文化的繁荣则更晚。既然各考古学文化进入较高文明的时间并不同步，那么就必然存在文化的势差带来的输入性影响。

从器物研究中可以证实这种猜想是可靠的。作为多民族国家，中国的史前部落可能更多、更繁杂，但生活在中华大地上的远古先民们肯定有一支率先开创了较发达的文化，并影响到周边部落，促进中国大地逐渐向文明时代不断演进。率先开创了较高文明的就是泾渭流域的仰韶文化，他们沿黄河东进并向西辐射。在河南东部与黄河下游另一支迅速成长的古文化龙山文化碰撞、摩擦、演进。中国文明源自本土，但一直在这种"二元对立"的局面中相互促进、发展当是中国史前文明演进的一般规律。

"满天星斗说"之所以有这么大的影响，笔者认为可能有以下一些原因。首先是中国现代考古学诞生于受西方列强压迫的旧中国，所以一直有一个提高民族自豪和文化自信的这一爱国主义基调，绝大多数人（包括众多的学者在内）希望中华文明的源头更长远、更发达。其次是学术研究视域的微观化作用的结果。当我们走入浩瀚的史前考古世界，这些没有任何文字记述的岁月完全呈现在我们面前时，像做手术一样，从微小的差别做起当是一种非常有效的方法。与此同时，学术研究视域的微观化也可能会导致宏观比较的不够，对许多可能因地域环境因素造成的差异认识不足。另外还有一种可能，有些学者为出成果而为，差异化的眼光更容易得出新的结论，针对个体的研究相对容易出成绩。

现代研究证明古人造物更多的是模

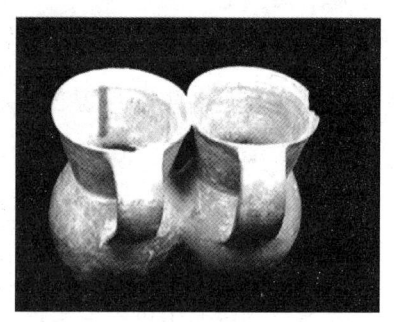

图23　仰韶至齐家文化的联体杯反映了使用者相同的文化心理

仿，正如古人所述，圣人于"象天法地"中创生了世间万物。当然在这种对天地之象的模仿成器过程中，有个因材施工问题。比如西北地气干燥，而南方地气潮热，因此，仰韶文化、马家窑文化的陶器以彩绘为主要装饰要素而良渚文化的陶器以刻画为主要装饰手段；仰韶文化的住房以半地穴式为主，良渚的则以干栏式为主。所以，只有充分考虑时间和空间因素及地理环境差异才能更好地还原我国优秀的远古文明。

中国史前陶器装饰工艺考略

陶器从产生伊始就带有类似于编织物一样的纹饰，这些简单的纹样最初可能脱胎于起骨架作用的藤编物，属于成型工艺的自然遗留，是外在形式的意外收获。但是，由于装饰的观念和意识产生的时间要远早于陶器的发明，实践中，这种工艺性质的遗留体现出精细、均匀、富有规律等特征时，它们就已经演化成美观的纹饰艺术了。装饰意识和观念的叠加使得史前陶器从单纯的物质生产过渡到熔铸物质生产和精神生产于一体，成为人类造物中"从非艺术向艺术过渡阶段，艺术存在的最早形式"，并且"开创了造型艺术和装饰艺术相结合的浑然一体的工艺美术先河"。

中国是世界上最早使用陶器的地区之一，史前有陶文化分布的幅员也非常辽阔，而各地的自然条件又差异较大，加上远古先民分属于不同的部落或部族，所以，我国境内的史前陶器在漫长的发展过程中表现出非常明显的区域性和时间性差异，异彩纷呈，创造了一个又一个辉煌的艺术高峰，也创生出许多新的工艺手段，是诸多装饰工艺发生的起点。这些装饰工艺的合理、巧妙运用不仅提升了中国史前陶器的造型质量和艺术价值。更为重要的是它们形成经验，甚至发展成体系，延续到其他器物的制作中而成为传统。因此，解读史前陶器装饰工艺的发生、分类、特点、发展流变及其规律，对于解读工艺技术和艺术的关系、还原装饰最原初的理念都有非常重要的意义。

一、史前陶器装饰工艺分类

史前陶器上的装饰多元而繁复，按照空间形态可以将他们划分为"三维空间"的和"二维空间"的两个大类。三维空间的以"刻"和"塑"为主，包括拍印、刻画、锥刺、捏塑和镶嵌等工艺手段，其核心是以形态上的高低起伏变化产生装饰效果；二维空间的以"绘""磨"和"渗"为主，其方式是以陶器表面为素底，通过涂绘颜料改变色差或磨光改变器表折光度等方法表现图形、图案，制造装饰效果。当然这只是以现代观念为基础的一种简单化的区分，事实上，史前陶器装饰工艺丰富且庞杂，很难概括，有必要进行细化研究。加之，拍印、刻画、锥刺等装饰工艺比较原始、简单，只产生特定的纹饰，也比较程式化，在以往的研究中经常被忽略，产生以纹饰命名代替工艺命名的现象。考虑到他们应有的区分，本文对史前陶器的装饰工艺暂时做如下划分：

1. 拍印

拍印是指使用带有肌理的工具在未干的陶坯上拍打、滚压、拓印产生纹理的工艺。其形态有绳子、辫子一类的编织物留下的；也有篾状植物编成的席纹留下的；还有刻削的线状纹饰留下的。从考古发现看，早阶段的陶器上多通体带有印绳纹，比如江西省万年县仙人洞和吊桶环遗址出土的陶器，距今已有一万余年，是世界上最古老的陶器之一。吊桶环遗址出土的无论是可以复原的器物还是残缺严重的陶片，绝大部分带有印绳纹，甚至有"部分陶片双面都饰有印绳纹"。另外，最早产生彩陶的大地湾一期遗址出土的陶器也多带有印绳纹，特别是其早阶段的圆底钵，甚至连器口沿都有压印的锯齿状纹饰。（图24）陶器内部的印绳纹显然起不到装饰效果，圆底钵口沿饰印绳纹甚至会影响使用功能，那么早期陶器施加纹样的目的又是什么？张朋川先生推断，在人类掌握烧陶技术之前，先有藤条编织的器物，在陶器取代藤编器物之后，源于相同的形式可以产生相同的功能这一朴素理解，在陶器上会附加类似的纹饰，故而张先生认为"印绳纹的产生源自对早于陶器的藤编器物肌理的写实性模仿，而并非装饰"。也就是说，拍印属于成型工艺，是伴随着陶器的发明而产生的。但是，当人们发现"施加绳纹可以提高密度，加固器壁，加强各层之间的结合，同时兼具装饰作用"时，印绳纹就转化成有意识的装饰行为。在这一过程中，陶器施加印绳的部位出现选择，组织感渐强，体现出朦胧的秩序感和节奏感，发展出精细、悦目的一面，之后，经常同彩绘、刻画、堆贴等其他装饰工艺结合使用，美感愈发突出。

图24　大地湾一期口沿拍印有锯齿纹的陶碗

伴随着陶器的发明而产生的拍印工艺流传的时间很长，贯穿于史前陶器发展的整个过程中，并由此衍生出许多新的装饰工艺。拍印工艺的作用主要体现在三个方面：一是装饰，制造肌理并且产生秩序感、节奏感，形成特殊的美感；二是通过拍印、挤压使陶胎更加致密，提高陶器的坚固度；三是增加摩擦力以利于捧持，从而方便使用。可见，拍印产生的印绳纹具备实用与装饰相结合的特点，体现出史前装饰意识的原发性和一体性，对研究装饰的起源意义重大。

2. 刻画

刻画是指在陶器表面上以尖状工具通过剔刻和划削产生纹饰，是紧随拍印出现的又一装饰手段。最早刻画产生的纹饰多做交错排列，和印绳纹似乎同出一源，不排除它们是模仿拍印而衍生的。另外，老官台文化陶器中已经出现较多的经刻画而产生的"介于图画和文字之间的记事符号"，表明刻画纹也有可能始于记事的需要而另有起源。刻画工艺在仰韶文化半坡类型中已经比较成熟，除了各种交错的直线外，还产生了弦纹，在陕西渭南地区甚至出现了围绕陶器腹部连续刻画数圈的螺旋状纹饰，他们可能结合了轮制技术，体现出机器加工般的美感。刻画纹在河姆渡文化、良渚文化、龙山文化、齐家文化等彩陶比例较低的史前文化中的比例非常高，且多有具象图形、图案，是史前单色陶器最为重要的装饰手段之一。（图25）

图25 河姆渡文化刻画有猪纹的陶钵

刻画产生的纹饰早期以简单的符号，以交错的几何纹、绕圈而制的旋纹为主，晚期具象的动物纹迅速增加的同时抽象纹饰进一步发展，大汶口文化中甚至"出土和采集到17件，归纳起来凡8种"似可解读的文字。到目前为止，虽然对这些"符号"的解读还各执一词，难以形成定论，但它们表达特定观念的意图是显而易见的。刻画工艺在装饰作用外又增加了记事或符号的功能，体现出史前装饰意识的复杂性，为装饰的起源提供了另外一种启示。

3. 锥刺

锥刺是以尖状物或指甲在陶坯上点戳成坑形成纹饰的工艺，因使用工具的不同单体有菱形、圆形、半月形等，以条带或体面的形式密集在一起，聚点成形，构成装饰图案。锥刺在仰韶文化半坡时期已经比较流行，一般认为锥刺由刻画发展而来，是其变体。（图26）

图26　半坡类型锥刺有指甲纹的细颈壶

半坡时期个别陶器上的锥刺纹排列齐整并且出现有序的增减变化，例如西安半坡出土的一件编号为P.4237的陶片上饰一组锥刺花纹，"系由八排每排一孔、二孔顺序递增至八孔，构成一个等边三角形画面"。这种数理化的排列方式不仅体现出一种独特的、秩序化的形式美感，而且反映出史前人类可能掌握数的概念，理解由数而生成的形式和谐。锥刺和刻画产生的原理是一致的，工艺方式也相近似，但是，最终呈现的装饰效果却差别较大。刻画纹多比较自由；锥刺纹多有强烈的秩序感，特别发展到晚期,刻画的纹饰以具象居多,似"画";锥刺的纹饰以抽象居多,似"数",在装饰的作用外突出地反映了史前先民的逻辑认知和对于数字的形象化理解。

4. 捏塑

捏塑是指以手为主,不或很少凭辅其他工具捏制器具的工艺方式。(图27)李文杰在考察了甑皮岩遗址出土的陶器后认为:"最早的陶器皆为捏制而成"。因此,同拍印一样,捏塑也是伴随着陶器的发生而发生的,都是最古老的制陶工艺。泥条盘筑的陶器成型法产生之后,捏塑工艺与器物仿生密切地联系到一起。结合"仿生"应该对应具象的形式这一一般性认识,器物仿生专指造型整体模仿人、动物或者人造物者。仿生器物最早出现于仰韶文化半坡类型,宝鸡市北首岭遗址出土的半坡类型船形壶、临潼姜寨遗址出土的半坡类型核桃形埙、陕西华县元君庙遗址出土的庙底沟类型鹰形灰陶尊都是仰韶文化陶器仿生的杰出代表,他们的共同特点是较为写实。马家窑文化诸类型中,捏塑成型最常见的是鸟形器,呈现出完整

图27 龙山文化捏塑成型的犬形陶鬶

的发展序列,这类鸟形器反而比较意象,将实用和仿生结合得非常好,体现出很好的设计感。齐家文化时期的仿生器再次变得写实,龙山文化时期仿生器写实和意象两者兼具,既有十分写实的犬形和豕形陶鬹,又有非常写意的高领鸟形陶鬹。江苏邳县大墩子遗址出土的螺蛳形盉,设计巧妙,栩栩如生又非常实用。

总体而言,捏塑成型的史前仿生陶器多为零星出土,比较罕见,但他们艺术水平都很高,几乎件件都是史前陶器的精品,体现出非凡的艺术创造力。当然,这些器物不能仅仅从造型艺术和美学的角度进行解读,因为他们所附加的精神含义是显而易见的,也应该有特殊的使用方式,它们很可能是"礼器"的滥觞,也是雕塑艺术的源头。

5. 堆贴

堆贴是指在器物表面使用与坯体质地相同的陶泥附加堆贴成一定图案的装饰手法。(图28)大地湾遗址一期遗址出土一件三足深腹罐,上腹部堆贴有一段类似乳钉的突起,这种装饰手法可能是捏塑的变体。仰韶文化半坡类型陶器中多有突出的堆贴大乳钉,马家窑文化的陶器多带有堆贴的附耳、鋬突等附属部件。这一阶段堆贴产生的附加堆纹似乎和功能并无太大关系,只是纯粹的装饰。反而越是向晚,到了金石并用时代的齐家文化时期,堆贴表现出功能和装饰并举的一面,比如体积较大的陶器上下腹转折处往往缠绕一圈泥塑堆纹,其原因是制作较大的陶器时,上下两段因为分段制成,黏

图28 磁山文化堆贴有弧线纹和乳钉的陶盂

结为一体时在连接处饰以泥塑堆纹既美观又可使之牢固。

堆贴形成的附加堆纹可以分做三类：一是几何纹样，多以波浪线、交叉线、折线为主；二是装饰意识浓烈的突出附件，有大突錾、乳钉和造型独特的附耳等；三是具象的人或动物造型，体现出雕塑的特质。其中第三类最早产生于仰韶文化半坡时期，甘肃省秦安县大地湾征集到的仰韶文化庙底沟类型的"少女形器口瓶"是此类装饰方式的杰出代表。后来马家窑文化诸类型陶器中多有局部堆贴人头、蛇、蜥蜴、犬等造型的器物，表现出特别的意象，充满神秘色彩，除装饰意义外，反映出神秘的精神功利色彩和深刻的文化内涵，体现出装饰上附加装饰的多重装饰的意识和观念。

6. 镶嵌

镶嵌是指把某一物体嵌入或附加在另一物体上作为装饰的方法。其产生可能受到了复合石器制作工艺的启发。从考古发现看，凌源牛河梁出土的一件红山文化女神像眼睛以石头磨成的圆珠表现，它可能是陶器镶嵌技艺的发端。马家窑文化马厂时期陶器镶嵌已经比较普遍，出现将动物骨骼或者贝壳磨成的珠子、管状物嵌入陶体的做法，以青海柳湾史前墓地为例，陶器中标号为773：20的双耳罐，肩部镶嵌骨珠8颗；标号为338：2的彩陶盆，口缘内镶嵌骨珠4颗；标号为892：7的菱形纹罐，肩部和双耳各镶嵌骨珠4颗……"柳湾时期的镶嵌技术主要表现为骨珠镶嵌在彩陶上，多是镶嵌在器皿的口沿、肩部、腹上部等部位，实用与装饰结合"。齐家文化和四坝文化时期又出现镶嵌以绿松石、玉做成的片状物的陶器，通过较为贵重的物质材料的附加提升器具的独特性乃纯粹出于装饰的需要，表明此阶段镶嵌已经成为比较纯粹的装饰工艺，反映了史前人类装饰意识的成熟和完善。（图29）

图29　四坝文化镶嵌有绿松石的双耳彩陶罐

7. 羼和

羼和指在制陶原料里把不同的东西掺混在一起。史前陶器有意识地使用羼和料出现较早，可能是伴随着炊器的产生出现的，羼和砂石、熟陶屑或蚌壳末可以提高陶器的冷热收缩比，从而防止器物在火上炙烤时炸裂，所以史前陶器中的炊器以加沙陶为主，主要表现为出于功能需要的制陶技术。从形式上讲，羼和砂石或熟陶屑的陶器体现出一种原始的、朴拙的美感，和表面提光的陶器形成两个极端，所以，我们不能因为粗糙而轻易否定他们于功能之外美感的积极意义。（图30）

图30　马厂类型羼和有细沙的鸮形陶罐

随着异质物视觉差异的被有意利用，羼和逐渐发展为特殊的装饰工艺，辛店文化时期陶器中出现了羼和碎石英、云母片的陶器，这种器物满身布满闪光的碎点，在不同光线下，这种片状或点状的异质物随着光线角度的变化金光聚散、闪烁不定，体现出良好的装饰效果和独特的视觉美感，影响了之后的洒金装饰工艺。

8. 彩绘

彩绘就是以带彩色料涂绘，通过画的方法表现装饰图案的工艺形式，是史前陶器应用最广、最为重要的装饰工艺。彩绘陶可分两类，其一是先烧后绘的"彩绘陶"；其二是先绘后烧的"彩陶"。因为先绘后烧的图案不易脱落，故而史前陶器以彩陶为主流。史前彩陶使用的色彩有红、黑、褐、白等几种。其中，黑彩原料多为氧化锰，红彩多为氧化铁，褐彩多为赭石，白彩多为高岭土等矿物质颜料，色彩特别稳定。（图31）

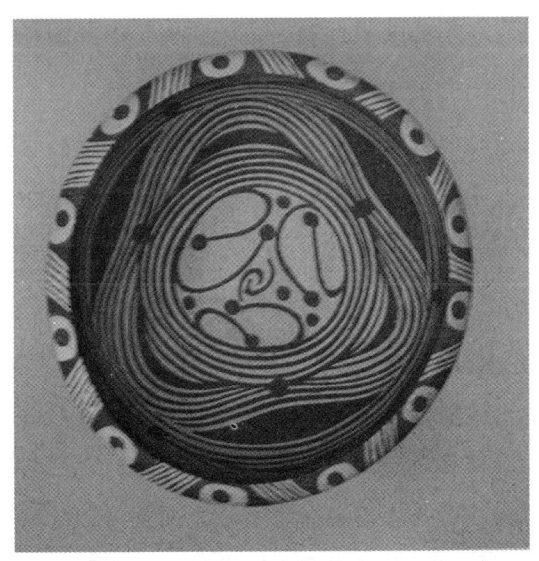

图31　马家窑类型彩绘有旋纹的陶盆

着彩绘的陶器最早出现于大地湾一期遗址，该遗存中发现多件可复原的彩陶钵，彩绘都非常简单，只有宽带纹和极其简单的符号。甘肃彩陶一书介绍其代表性器物时描述："该器下承三足，口沿外周围抹光，上绘红色宽带纹"。仰韶文化中，彩陶已占相当大的比重，马家窑文化马家窑和半山两个类型中彩陶比例达到最高，个别遗址可达百分之八十以上，彩绘工艺也达到顶峰。马家窑文化马厂类型起彩陶呈现衰落迹象，着彩比例开始下降，而后的齐家、寺洼、辛店、沙井诸史前文化，在彩陶进一步衰退的趋势里，呈现出很大的地域差别。

彩绘工艺的产生，使得装饰工艺被绘画技术替代，纹饰表现涉及的题材、范围空前扩大，史前装饰纹样遽然繁荣，陶器也成为人类表达精神最好、最重要的载体。可以说"彩陶的出现，可以看做是人类历史上的一个重大的艺术事件，开启了一个普世参与的艺术时代，第一次将艺术的种子深播在人类的大脑里"。

9. 磨光和衬花

磨光是借助平滑的陶磨子打磨未干的陶坯，消除陶器表面的毛刺、划痕、砂眼等各种缺陷的工艺，主要作用是提高陶器表面的光洁度。由于是在半干燥状态下进行的，磨光工艺也可以使陶器的壁面变得紧实，从而提升器物品质。磨光工艺在仰韶文化半坡类型时期就已经非常成熟，庙底沟时期的陶器绝大部分磨光良好，表面呈现哑光，有轻微的釉质感，更好地凸显了着彩部分。

磨光既是独立的装饰工艺（如龙山文化的磨光黑陶），又可以成为其他装饰工艺的基础和辅助。马家窑文化特别是马家窑和半山两个类型的彩陶，磨光程序在施加彩绘之后，彩绘的纹饰、图案通过磨光压印而挤入未干的坯体之中，烧成后的彩陶通体致密，表面平坦如镜，十分光亮，彩绘浓艳犹如雕漆，正是结合磨光工艺才使得马家窑彩陶成为中国史前彩陶艺术的最高峰。

磨光配合衬花工艺可以制造出更加特殊的装饰效果，新石器时代晚期在我国西南地区产生了别具一格的衬花陶，由于仅仅是通过磨光和去光表现图案,因此体现出非常精巧和雅致的一面。(图32)"衬花工艺是一种在单色陶器上表现多种光感以显示图案的工艺,其流程主要有磨光、划出主纹轮廓、去光衬地纹和局部修正等。"质量最高的是发现于四川西南、云南和西藏一带新石器时代晚期遗址中的衬花陶,磨光精细,纹饰清晰,陶体焕发出金属般的光泽。磨光和衬花工艺的结合表明史前人类装饰意识中追求质感差异和精益求精的一面。

图32　云南耿马出土饰有衬花工艺的陶罐

10. 镂空

镂空是指在陶坯上雕刻出穿透器壁的纹饰,是一种以减缺的方式表现装饰图案的方法。仰韶文化涉及贴塑人像的陶器人的双目和嘴多做镂空,可见,最初镂空可能源出于对物象的模拟和仿制。马家窑文化部分陶器的盖扭、附耳、突錾等附件上也多有镂空,他们也可能是出于"制器象物"的观念,也是对人的形态对称性的模仿。直到龙山文化和齐家文化时期,镂空蓦然成为成熟的陶器装饰技艺而大兴,并且以圆、方、三角等几何形为主。

龙山文化的薄胎黑陶中带镂空工艺的器具最多,艺术水平也最高,高足器物的底座上多饰镂空工艺,个别器物做双层镂空,通透、灵动,装饰效果突出,表现出一种空幻的美感,体现出史前装饰非常成熟的一面。(图33)

11. 渗碳

渗碳是指利用特殊的封窑技术,在陶器烧制过程中让窑中的浓烟渗透到陶器中而使其乌黑光亮的工艺。早在仰韶文化中就已经存在外红内黑的陶器,庙底沟类型中已经存在整体黑灰的陶器,良渚文化、大溪文化中都存在比较成熟的渗碳黑陶,但渗碳作为一种杰出的装饰工艺引起关注始于龙山文化,是龙山文化蛋壳黑陶产生的重要技术凭借,其制作结合陶土的精细淘选,轮制技术的空前提升和渗碳工艺的完美使用。渗碳使陶器呈现出质感细腻润泽,光泽沉着含蓄的柔雅沉静之美,反映了史前装饰的成就与成熟。

图33　龙山文化镂空蛋壳黑陶高柄杯

二、从史前陶器装饰工艺看装饰的源起和发展

人类最早的装饰品在旧石器时代就已经出现,"在距今四万年前的宁夏灵武县水洞沟遗址中,就有用鸵鸟蛋皮磨制而成的圆形穿孔饰物";在"距今三万年前的山西峙峪遗址中发现过以石墨制成的经过打磨的带孔装饰品";在"距今一万八千年前的山顶洞更有以赤铁矿染成红色的小石珠以及贝壳穿起来的项饰"。尽管这些独立的配饰物都是先于陶器出现的,

但是，于史前陶器探讨装饰的起源仍然具备很强的现实意义。其原因首先是装饰行为是人类改造自然的过程中逐渐生成并不断扩展其范围的，装饰工艺、技术有一个不断新生、发展、深化的过程，装饰意识也在这一过程中被不断地确定和强化。反过来，装饰意识只有结合一定的技艺才能够验证其存在和成立、推动装饰的发展。其次，在史前陶器发展的过程中，许多装饰工艺具有初发的性质，他们或为陶器所独有，或于史前陶器的进化中自臻于完善，取得巨大艺术成就的同时深刻地影响了中国装饰文化传统，为装饰艺术的研究留下了巨大的研究空间。再次，相比于史前陶器完善、精美、成熟的装饰工艺和形式，旧石器时代晚期和新石器时代早期产生的那些简单的装饰品显然过于质朴，他们的存在只能证明人类已经具备装饰的愿望和初级造型意识，制作所依托的技艺也非常简单，只有"打""砸""钻""磨"，和后来陶器所拥有的丰富而复杂的装饰工艺完全不可同日而语，研究价值也远远不及史前陶器。

正如前文所述，史前陶器所采用的装饰工艺不是独立生发的，许多工艺间存在发展、衍生或启发关系。以其发生的先后顺序和内在特征，我们可以把史前陶器装饰工艺划分为三个发展阶段。拍印、捏塑两种工艺为早期阶段，它们都脱胎于成型工艺，伴随着陶器的发明而产生。但它们又不仅仅是成型工艺，因为史前陶器在发生之初表现为一种原文化特征，对形式美感的审视包含在功用的判断之中，有好用既是好看、好看既是好用的一体化倾向。在这种观念下人们不可能清晰地将技术与形式、功能与精神之间的关系加以严格区分，因此，也就不可能区分出依附于陶器上面的纹饰，哪些是专为审美而作，哪些又是专为功能的实现而作。随着制陶实践活动的深入，人的审美意识不断被强化，脱胎于上述工艺的种种纹饰的形式美感会被发现，会被主动利用和扩展，成为史前人群有目的、有意识的工艺追求，于是史前陶器装饰工艺便进入第二个阶段，衍生出锥刺、堆贴、彩绘、磨光等新的工艺手段。这些工艺已经与成型没有多大关系，他们存在的目的是满足精神表达的需要。这些装饰工艺最终生成的装饰纹样、图像，或出于图腾崇拜，或出于巫卜活动，或出于记录事件，此时的装饰已经演化成精神需求和表达的产物，有强烈的精神功利色彩。而当这种精神功利色彩开始消退，装饰成为纯粹的视觉适宜性的产物并向精细化发展时，史前陶器装饰工艺进入第三个发展阶段，这时镂空、镶嵌、衬花、渗碳应运而生。这些工艺制造的效果完全是为了装饰、为了欣赏、为了视觉的愉悦，彻底解脱了功能的羁绊，成为纯粹视觉美感和适宜性的产物。这时，史前装饰艺术至少在观念上已经十分纯粹，和我们今天所认为的基本一致了。

需要指出的是，在史前陶器装饰工艺发展的三个阶段中，我们并不能以普通进化论的观点来判断其艺术水平，不能简单地认为后者必然高于前者。因为，史前陶器"作为原始艺术，有混合性和复功用性，他的产生和存在是原始生活方式决定的，它的复功用性，就是艺术与生活不可分离的表现"。这种复功用性在第一阶段表现为装饰工艺等同于成型工艺，装饰纹样只是功能的遗子，其形式是"功能满足之后的自然呈现"。因此，这一阶段的器物反而充满了设计意识，最能体现物以致用的造物理念。复功用性在第二阶段表现出精神生产同物质生产的一体化特点。我们今天看来无比精美的装饰形式在史前人类看来首先是表达精神意图的符号，诚然，在我们面对这些器物时其精神意图已经很难，甚至无法被破解，但是，出于人感知的共性，我们面对这些装饰纹样时仍然会被震撼、被打动。就像西部戈壁大漠中的胡杨林，树身已经死了，但是生命挣扎的形式仍然还可以被感知一样。这一阶段的纹饰因为其源出于精神观念所以最为神秘，也最具意味，具备强大的艺术感染力。复功用性在第三个阶段逐渐失去，装饰的施加完全是为了制造视觉的愉悦，虽然纯粹但丰沛的精神内涵已经被抽空，提供人们欣赏的心理空间被压缩，形式的意味逐渐减弱，反而使得装饰本身呈现较低的水平和衰落的趋势。

从史前陶器装饰工艺发展的三个阶段可以看出，装饰可能源出于实用的成型工艺。培育于功能的逐渐消退和形式美感逐渐发现的过程中，成熟于功能需求羁绊的彻底解脱。但是，装饰发展过程中功能的消退和形式美感的发现并不是线性的、此消彼长的，有时候也会交错反复。比如堆贴，发生之初即表现为较纯粹的装饰，到齐家文化时期反而因分体制陶而具有黏结成型的功能。又如拍印，既可以使陶胎更加致密，亦可增加摩擦力以利于捧持，前者使得器物更加稳固而引发"合理"感，后者使器物使用更加方便而引发"适宜"感。而合理、适宜的感受会向视觉心理自然延伸，演变成"悦目"的感受。反过来悦目的心理需求也会通过合理和适宜而关照纹饰的功能性，产生更加合理、更加适宜的形式结果。可见，在史前陶器这种"从非艺术向艺术过渡阶段的艺术存在的最早形式"中，美和实用往往依托于杰出的工艺，特别是杰出的装饰工艺交互生发，协同成就了史前陶器高超的艺术水平，也成就了中国史前文明的高度。

参考文献

[1] 程金城. 远古神韵：中国彩陶艺术论纲 [M]. 上海：上海文化出版社，2001：25.

[2] 康加兴. 黄河中上游新石器时代早期的美术 [J]. 艺圃，1985 (4).

[3] 吴瑞，等. 江西省万年县仙人洞遗址出土陶片的科学技术研究 [J]. 考古，2005 (7).

[4] 张朋川. 黄土上下：美术考古文萃 [M]. 山东画报出版社，2006：119.

[5] 李文杰，郎树德，赵建龙. 甘肃秦安大地湾一期制陶工艺研究 [J]. 考古与文物，1996 (2).

[6] 甘肃省博物馆文物工作队撰. 1980年大地湾一期文化遗存发掘简

报[J].考古与文物,1982(2).

[7]张文撰.大汶口文化陶尊符号试解[J].考古与文物,1994(5).

[8]中国科学院考古研究所.西安半坡[M].北京:文物出版社,1963.

[9]李文杰.广西桂林甑皮岩遗址陶器的成型工艺[J].文物春秋,2005(6).

[10]王倩倩.柳湾遗址中的装饰品及其镶嵌技术[J].青海师范大学民族师范学院学报,2003(5).

[12]史前彩陶中发现了数量极少的以漆为颜料的器物,因为标本太少加之史前同时发现的还有木胎漆器,所以本文中暂将此类彩陶忽略。

[13]韩文博.甘肃彩陶[M].北京:科学出版社,2008:7.

[14]王仁湘.史前中国的艺术浪潮[M].北京:文物出版社,2011:54.

[11]王仁湘,撰.西南地区史前陶器衬花工艺探讨[J].四川文物,2008(1).

[15]钟侃,张国典,董居安.1980年水洞沟遗址发掘报告[J].考古学报,1987(4).

[16]郭沫若.中国史稿第一册[M].北京:人民出版社,1956:3.

[17]安家瑗.旧石器时代晚期佩带具的功能及含义[J].中国历史博物馆馆刊,1995(12).

[18]程金城.远古神韵:中国彩陶艺术论纲[M].上海:上海文化出版社,2001:236.

[19]现代设计者认为形式是功能满足之后的自然呈现,他们把设计看成是一个解决问题的过程,这一点反而和史前陶器造物以致用的理念是一致的。

史前彩陶上的绘画作品考辨

作为史前文化最重要和出土数量最多的遗物,彩陶为史前文化研究者倍加重视。从图案和装饰角度展开的论述,也已经取得了很大成就。但是,关于彩陶上绘画艺术的研究由于界定和认识上存在诸多的分歧,到目前为止,还混同在一般装饰性图案的研究中,没有形成应有的规模和体系。本文拟就这一问题谈谈个人的看法。

一、绘画概念的界定和彩陶上的绘画

要研究彩陶上的绘画艺术,首先遇到的问题是如何界定彩陶上的哪些图形具备绘画的特质,也就是先要将那些具备绘画特质的作品从一般装饰性图案的研究中剥离出来。那么,绘画必须具备哪些必要的特征,它和装饰图案的区别又有哪些呢?绘画最简单的解释,是指利用一定的工具和材料在二维的平面上以手工方式再现自然的艺术,其目的或动机不外乎记录事件或表达体验两个方面。受制于史前人类认知发展水平,绘画在源起之后很长的一段时间内都是以"模仿"为前提的,直到中世纪,欧洲还把绘画称之为"猴子的艺术"。在中国,早期的绘画也体现出"模仿"的一面,长沙楚墓发现的两幅战国时期的帛画《人物龙凤图》和《人物御龙图》是目前公认比较成熟的绘画作品，然而，象形（临摹自然）也是这两幅作品叙述事件或表达意旨的唯一手段。南朝齐、梁间画家谢赫在《古画品录》中提出了绘画"六法"，他将"气韵生动"列为绘画评价的首要标准，并且就形象摹写的艺术性在使用颜色和用笔方面进行了特别的强调，使得绘画评判中加入了情和美的因素，对之后中国绘画的创作实践造成了巨大影响。但是，这一阶段的绘画仍然是以"应物象形"为前提的，因此，我们在考察和界定初发的史前绘画艺术时必须立足"象形"这一前提条件。

装饰在《辞源》中被解释为"装者，藏也，饰者，物既成加以文采也"。装饰的目的或动机是修饰和美化被装饰物的，所以装饰图案从属于被装饰物而并不承担记录事件、表达精神或交流情感的任务，装饰着重强调节奏和韵律等纯形式因素的表达，有抽象化和程式化特征。总之，装饰图案依据器物造型美化器物，不以模写自然形象的外在特征和表达主观情感体验或者意图为目的，更加没有叙事性或抒情性特征。中国史前绘画处于萌芽阶段，受制于当时人类的思维和技术发展水平，体现出简单、稚拙和原始的一面，它们不可能超出今天具象绘画的范畴，故而，这些绘画萌芽时期的作品，参照具象绘画较为成熟的判断标准，列入我们研究的彩陶应该具备以下特征：（1）作品中描绘的物象需以具象为前提，以写实为基础；（2）物象之间应以较自由的方式呼应展开，而非对称式的骨骼重复；（3）在同一幅画面上表达相同的物象时其形态和表情应有较为明显的差异；（4）画面具备一定的情节性或叙事特质，并且能够引发欣赏者解读的欲望；（5）图形不论处于器物的哪个部位，都可以脱离器物而独立存在，并具备一定的完整性。根据上述五个条件，笔者将以史前彩陶为载体的绘画的作品列举如下，并且，按照中国传统的绘画命名原则附加"图"字，以区别考古学之纹饰命名。

1. 游鱼图

游鱼图绘于"游鱼纹彩陶瓶"之上，1981年甘肃省秦安县王家阴洼出土，原件应为葫芦瓶，上部已残损，残留部分高 19.2 厘米，底径 11.5 厘米。该瓶环绕腹部绘有四条活泼跃动的鱼（其中两条头部有极少残失，一条残失较多，一条仅存极少一部分）。游鱼图采取了非常自由的构图布局，能够看清形态的三条鱼大小不一游动姿态分别作蹦跃、回转和俯冲状，更为重要的是三条鱼与观察者呈现不同的角度，有俯视、半俯视和半侧视三种视点，整个画面构图完整，形象生动、传神，具备绘画作品的所有特征。

该件作品曾有多名专家在做简单的图解说明时，释为绘画。比如张朋川先生在《彩陶图谱》中解释："腹部绘数条鱼，布局活泼自由，形象生动，可称为我国最早的绘画杰作"。又如韩博文在《甘肃彩陶》中解释："腹部绘三条活泼跃动的鱼纹，姿态生动，构图巧妙，实为一幅罕见的游鱼戏水图"。该器现藏甘肃省博物馆，归属仰韶文化半坡类型早期，半坡类型距今 7000 至 6000 年前，其早期应该在 6500 年前，去除碳 14 测定年代测定 ±180 年的误差，"游鱼纹彩陶瓶"产生的时间下限应该不低于距今 6300 年。（图 34）

图 34　甘肃省秦安县王家阴洼出土的"游鱼纹彩陶瓶"及"游鱼图"线描稿

2. 鸟衔鱼图

鸟衔鱼图绘于"鸟衔鱼纹细颈壶"之上,陕西省宝鸡市北首岭出土,高22厘米,口径10.5厘米,底径8.4厘米。该器环绕上腹部绘一小头、尖喙、短尾的水鸟正在奋力前奔,并啄住一条身躯细长的鱼形动物的尾部,该鱼形动物翻腾挣扎试图逃脱的情景。画面中鱼头部呈方形,眼睛鼓圆,头两侧有暴鳃,背有两鳍为尖利的三角形,腹有一鳍为不规则四边形并且有数道分岔,身体表现为背和腹两个部分,上侧绘细密的斑点状花纹,下侧绘U形迭弧状花纹,尾分三叉。所绘水鸟形象简练、准确,而鱼的形象却精细、生动,体现出很强的艺术性。该鱼身子匀细、体长如蛇,与山西襄汾县陶寺出土的龙山文化彩绘陶盘上的蟠龙纹比较相似,结合了几种动物的特征于一体,图像语义非常神秘,观念性强,引发了诸多学者对其含义进行解读。有学者视之为龙的原始形象,并且据此推论"这两种动物图像双双出现在陶器之上,也是图腾意识的表现,实际反映了以鱼图腾和鸟图腾为代表的两个氏族的争斗与战争"。也有人认为"宝鸡市北首岭遗址出土的鸟衔鱼纹彩陶细颈壶和武功游凤新石器时代遗址出土的鱼衔鸟纹彩陶细颈壶,表现的是鱼鸟互衔的情景,原始人类以鸟鱼比喻男女之间的交媾,把美好的愿望寄托在其他东西之上,希望子孙像鸟一样敏捷矫健,像鱼一样繁荣昌盛"。当然,这些都只是主观蠡测,远非定论,但是无论其主题做何种解读,"鸟衔鱼图"传达的鸟的强悍凶猛和鱼的挣扎绝望,以及异常紧张的气氛都非常到位,叙事特征明显,思想特征突出,丰富的内涵决定了它是不可置疑的绘画作品。该器现藏中国社会科学院考古研究所,亦为半坡早期,其时间下限同于"游鱼图",距今亦不少于6300年。(图35)

3. 鹳鱼石斧图

鹳鱼石斧图绘于"鹳鸟衔鱼和石斧四鋬缸"之上,1978年河南省临汝县阎村出土,高47厘米,口径32.7厘米,底径19.5厘米。该器腹部绘一

图 35 陕西省宝鸡市北首岭出土的"鸟衔鱼纹细颈壶"及"鸟衔鱼图"线描稿

白色鹳鸟口中衔一鱼,旁边绘一带柄石斧,其中鹳鸟全身饰白彩,仅以黑彩强化了眼睛部位,表现方式有似于后来的"没骨画法"。鱼以黑彩勾画轮廓和内部结构后亦填有白彩,石斧的表现方式与鱼相同,亦为黑彩勾线白彩填染,因为结构较复杂,所以描画得更加具体。该器在同一画面内描绘了三种完全不同的物象,特别是作为主体的鹳鸟画法新颖,由于包含了勾线、填色、没骨等多种后来较成熟的中国画才具备的一些特点,在陶缸出土不久,张绍文即在《中原文物》1981 年第 1 期中以《原始艺术的瑰宝——记仰韶文化彩陶上的〈鹳鱼石斧图〉》为题目,首度刊文介绍,并且按照中国古代绘画命名的习惯,称之为"鹳鱼石斧图"。同年,考古学家严文明先生在认可张绍文"绘画作品"观点的基础上,认为陶缸本是部落酋长瓮棺葬的葬具,鹳和鱼都是图腾,它们代表不同的氏族——部落组织,石斧象征武力,"鹳鱼石斧图"是为纪念某一位酋长的功勋而专门制作的,其他遗址也有可能出土类似器物。并进一步指出"我们完全有可能大大丰富我国早期的绘画资料,而且开辟一条探索当时的氏族——部落组织及其关系的新途径"。另外,因为此图非常清晰、完整,语义也非常神秘,引发了不少学者对该绘画的产生动机、主题和意旨进行解读。有的认为是巫画;有的认为是图腾;有的甚至认为是纪实——反映了黄帝与炎帝之战而具备重要的史料价值;还有的认为"鹳鱼石斧图象征着死者灵魂不灭、生命转化"。该器现藏中国国家博物馆,归属仰韶文化中晚期庙底沟

类型，其时间下限距今不少于5000年。（图36）

3. 两兽争鱼图

两兽争鱼图绘于"两兽相扑鱼纹彩陶罐"之上，1979年甘肃省秦安县邵店村大地湾遗址出土，器高34.3厘米，口径13.4厘米，底径16.2厘米，出土时为残件，图形部分也有少量残缺。该器腹部以褐彩绘有动物相扑、相斗的图像两组，其中面积较大的一组描绘两动物相向奔跑，双尾俱曲卷、高举，斗志激昂，靠左边的一

图36　河南省临汝县阎村出土的"鹳鸟衔鱼和石斧四錾缸"

只体型略大，动态更加夸张。另一组绘两只动物俱利用后腿站立，前肢高举相向而扑，两兽都眼睛圆睁，嘴巴大张，因过度兴奋耳朵也矗立向前，动势非常强烈，此组动物下肢间绘有一条无头的残鱼。画面中对四只动物的观察角度做了细微的区分，相向奔跑的一组略带俯视，靠左边的一只背脊外能观察到的面积较大，靠右边的一只仅前肩胛骨突出于背脊之外，而站立相扑的一组表现为正侧视。特别要指出的是，"两兽争鱼图"用两组情节连续的画面完整地表达两兽为争食一条无头的残鱼而相奔、相扑斗的全过程，其跨时空连续表达同一种主题的作画方式，有似于后来的多联画，单就叙事性而言，堪称史前绘画的杰出典范。该器现藏甘肃省博物馆，归属于大地湾四期（仰韶文化晚期）。其时间下限不少于距今5200年。（图37）

近些年，全国大搞基础建设，使得部分意外出土的珍贵彩陶流失于民间收藏者手中，其中不乏具水平高超的绘画艺术精品的器物。但是，这些器物由于缺乏可靠的出土地点，其断代工作只能依靠类型比对而缺乏说服力。为了研究的规范和严谨，本文俱选取有明确的出土地点，明确的地层

图37　甘肃省秦安县大地湾遗址出土的"两兽相扑鱼纹彩陶罐"及"两兽争鱼图"线描稿

关系，断代有科学依据的博物馆、文物考古工作队藏品，故仅列时间上早于5000年前的上述四例为研究对象。

二、彩陶与中国最早的绘画

谈及中国最早的绘画作品，大多数研究者将彩陶排除在外，一少部分学者持谨慎的支持态度，也有学者观点前后矛盾不一。对美术考古学研究成果丰硕的张朋川先生在谈及这一问题时也持矛盾的态度，尽管在其《彩陶图谱》中，将其第25图，王家阴洼出土的"游鱼纹彩陶瓶"解说为"可称我国最早的绘画杰作"，将1682图，河南临汝阎村出土的"鹳鸟衔鱼和石斧四鋬缸"解说为"是一件罕见的古代绘画作品"，但张先生又在其著作《黄土上下——美术考古文萃》中明确指出"迄今发现的最早的绘画为秦安大地湾遗址'F411'号房址中的地画"，并在该书中解释道："这些饰于陶器上的图像，受着陶器形的限制，内容较简单，画面尺寸不大，多以动物为主题，严格地说这类图像是附属于陶器的，还不是独立的绘画。"

张朋川根据受器形制约、内容较简单、画面尺寸不大、多以动物为主题四个方面证明彩陶上的图像俱不属于绘画似乎有失偏颇，因为张朋川先生提出的四个因素中"尺寸不大和多以动物为主"根本不能成为界定绘画作品的条件。上面列举的四件彩陶绘画均包含两个或两个以上的具象动物造型,写实程度较高、形象表达比较准确,画面反映出的含义既神秘又丰富,故而"内容较简单"这一条不符合实际情况。同时,四件彩陶绘画都非常独立,没有受到任何骨式的限制,与器物形状、结构的关系基本处于脱节状态,因此,它们都是典型的绘画而非装饰于器物的纹饰。

中国最早的绘画作品,极有可能是岩穴壁画,但是到目前为止"断代问题仍然是困扰岩画研究的难题之一,其主要原因是大多数岩画本身不能够提供准确断代的直接依据"。在利用现代科学技术进行断代方面也没有获得可靠的方法,致使许多岩画的制作年代难以准确界定。故而,目前既能够确定绘制年代,又比较公认的最早的绘画作品,首推"大地湾编号为'F411'的房址地面上发现的一幅黑色颜料绘制的画作"。这幅长约1.2米,宽约1.1米的地画大部分保存完好,被认为改写了中国绘画产生的历史,将其向前推进了两千多年,但这一结论显然有待商榷。首先,大地湾地画除了面积较大和以人为对象之外,绘画技法单调,水平并没有超出彩陶上面的绘画,特别是和"鹳鱼石斧图"进行比较,远不如后者成熟。另外,该地画产生的时间根据"两件木炭标本做了碳14测定,分别距今5045±180年和4910±180年,因此大地湾第'F411'房基属于仰韶文化晚期,距今五千年左右"。而上述四件陶画里面两件属仰韶文化早期,距今不少于6300年。故此,将彩陶上存在的绘画作品从一般装饰图案中区分出来的意义是巨大而必要的,这样的区分有利于界定目前所知中国最早绘画作品产生的时间及其考古学文化归属。

三、史前彩陶上绘画的艺术特色

中国史前彩陶上的绘画与世界其他地区的早期人类绘画艺术一样,于稚拙、简朴、率真中集丰富的想象和创造于一体，既写实又夸张，天真且充满了生命活力。但是在这一总体特征下，若将它们放在世界史前绘画的大范畴里考量，就会发现无论是其表现形式，还是绘画方法甚至使用的材料都体现出独具特色的一面，具备自身的诸多特点，可以简单地归纳如下。

1. 追求色正

中国史前彩陶最初是用单一的色料直接绘制在表面经过打磨、提光的陶器上，后来出现了先用红彩或白彩涂绘底色，再饰彩绘的方法。彩绘时所使用的颜料种类比较少，都属于矿物质，主要有含氧化铁的红彩、含氧化锰的黑彩、含赭石的褐彩以及含高岭土的白彩四种。在使用色料绘制花纹时，采取饱和的单一色料平涂的方法，不将色料混合、调配使用，亦不在单一色彩中追求浓淡变化。自庙底沟起出现了以双色复彩绘制图形、图案的情况，但都属于双色并置使用，色料也不混合，不调配，不产生浓淡变化，故而，所有彩陶上的图案都呈现干净、利落的硬边效果。而反观欧洲著名的阿尔法塔米拉、拉斯科史前岩穴壁画，它们利用动物油脂掺和有色矿物质、炭灰、动物血液、彩色土壤为颜料，绘制时既使用线条，更加重视渲染，主要利用色彩的变化表现动物造型结构和肌体起伏，两相比较有很大的差别。

前述四件彩陶中除了"鹳鱼石斧图"的画法涉及黑白双色外，其余三件均使用单一的黑彩，而且这四件绘画作品也和其他彩陶一样，表现手法上均不涉及色彩的混合、调配使用以及浓淡变化，体现出单纯、强烈的视觉效果，可以说追求色彩的纯正是中国史前彩陶绘画的重要特征。中国彩陶艺术有系统地发展了四千多年，正是在这一漫长的使用纯净色彩的过程中，奠定了中国人独特的色彩观——"追求正色"的深厚基础。并且以此为前提演化，逐渐将五色与五行、五气、五方、五帝甚至是王朝的兴衰更替相联系，使色彩的使用上升到"色之用，别尊卑，明贵贱"的高度，从而带有浓郁的形而上意义。

2. 以线为主

史前彩陶上的绘画，因为均使用单色平涂的方式而体现出单纯、强烈的视觉特征。当然，单色平涂的绘画手法在深入表达造型时存在一定的局限性，必须特别注重对物象轮廓、结构及关键性特征的刻画，次要的特征则需要被概括、简化。所以，彩陶上面的绘画经常借助不同形状和大小的点、线完成造型，其中又以线条的变化最丰富，最具表现力。就上述四件陶器上面的绘画来分析，其表现形式都采用了以线为主的表现手法，具体而言，"鹳鱼石斧图"是既有线，又采用以色填形的画法，其余三件都是单色，多以线来表现。

当然，彩陶上的绘画使用的线条和后来的"线描"还是有些差别的，线条本身粗细变化较大，体现出绘画的原初性和混沌特质，有时候，局部会出现一些填涂处理，比如"游鱼图"中鱼的背鳍，"两兽争鱼图"中兽的肢爪；有的时候也使用很小的点，比如"鸟衔鱼图"里鱼的刻画体现出点、线甚至是面结合的特点，但总体而言它们都是以线为主的。彩陶上的绘画，不仅是有明确断代的我国最早的绘画艺术作品，同时也为以线为核心的中国画造型传统奠定了基础。

3. 意象性

从现实出发，以科学的态度考量，我们看到的物象都是三维的、立体的，在不同的视角下呈现不同的形状，所以，线条本身是不存在的，绘画中的线条其本身就是视觉提纯和概括的结果，故而多少带有一些主观的，或是意象的味道。中国绘画之所以迥异于西方绘画艺术，核心就在中国画重视感受，强调以意驭象，其根本，或可能源自这种带有抽象意味的线条。

上述彩陶上面的绘画作品，均舍弃了对周围环境的描绘，构图上较为自由，利用提纯的线条在较为精准地表达了物象外在形象的同时，还较细腻地表达了物象的情态特征，具备某种特殊的意趣。比如"鸟衔鱼图"中鸟的矫健和鱼的挣扎;"两兽争鱼图"中两兽的英勇无畏;"游鱼图"中鱼的快乐无虞;"鹳鱼石斧图"中鸟的威武,斧的庄严,四幅作品都表现出以意造型和意趣大于形式的一面,而意象性正是中国绘画的另外一个重要特征。

四、结语

在绘画发生之初,最开始的初衷或许并不是艺术欣赏,而是为了记录事件、表达特定的意旨。在这一实用性的目的要求下,形与意都被囊括于其中,它们承担着绘画之外更多的功能。因此,中国彩陶上的绘画是原生的,也是质朴的,但是,它们仍然体现出了许多不同于其他远古文化的独有特色,正是这些独有的特征为中国绘画的发展定下了基调,并且深刻地影响了中国绘画的整个传统。

参考文献

[1] 张朋川. 中国彩陶图谱 [M]. 北京:文物出版社,2005:482.

[2] 韩博文. 甘肃彩陶 [M]. 北京:科学出版社,2008:20.

[3] 朱文杰. 从《鸟龙纹细颈彩陶瓶》谈龙之原型 [OB/OL].

[4] 何周德. 葫芦形器物与生育崇拜 [J]. 考古与文物,1996(3):47-52.

[5] 严文明.《鹳鱼石斧图》跋 [J]. 文物,1981(11).

[6] 孙彦. "鹳鱼石斧图"题材象征意义辨析——兼论丧葬绘画的起源 [J]. 中原文物,2008(1).

[7] 张朋川. 黄土上下 [M]. 济南:山东画报出版社,2007:20-25.

[8] 郭宏,赵静. 岩画断代研究——科技考古学领域中一个亟待解决的问题 [J]. 文物保护与考古科学,2005(2).

[9] 赵建龙. 大地湾遗址仰韶晚期地画的发现 [J]. 文物,1986(2).

甘青地区新石器时代"塑绘结合"彩陶装饰评述

甘肃、青海是我国出土史前彩陶最多的地区。1979年，甘肃省文物工作队在秦安县大地湾史前人类遗址进行考古发掘时，从其一期遗存里发现了一批口沿绘有红色宽带纹的圆底钵及其残片，它们是我国境内目前所知最早的彩陶。自此始，经仰韶、马家窑、齐家、四坝、辛店、寺洼、卡约、诺木洪、沙井诸文化期，彩陶在这一地区由创生至繁盛，由繁盛至衰落，以比较完整的序列存在了近5000年。甘肃、青海地区出土的新石器时代彩陶不仅在制作水平上冠绝东亚，更为重要的是，这些彩陶为我们揭开史前装饰艺术的发展演变过程及其规律提供了丰富的实物资料。

一、塑绘结合彩陶代表性器物列举

在数量庞大的甘青宁地区新石器时代彩陶中，一少部分器物上装饰着经捏塑、锥刺、刻削等雕塑方法并结合彩绘而生成的具象的人或动物，这种塑和绘结合生成的形象非常生动、灵巧，让人过目不忘，具备特殊的美感，体现了史前人类装饰观念的原初性和独特性。下面就在出土于该地区的此类器中选取一部分典型进行评述和简单的归类研究，以期考证塑绘结合装饰方式发生、发展、流变的过程和影响。

1. 人面纹彩陶瓶

1982年甘肃省秦安县焦家沟出土，高32.8厘米，口径14.6厘米，底径12厘米，橙黄陶，马家窑文化马家窑类型。该器颈部装饰一人面纹形象，以塑绘结合方式完成。其中鼻、耳、嘴以附加泥条捏塑为突起的浮雕形式，眼睛和嘴缝用深褐色绘制而成，瓶颈下方连续环绕着数圈弧线，好似少女华丽、繁复的颈饰，现藏秦安县博物馆。（图38）

2. 人头形把彩陶勺

著录于张朋川先生《彩陶国谱》第224图，尺寸不详，典型的马家窑文化马家窑类型器物，应出土于甘肃。该器勺柄部分塑绘一男性人头，双耳为附加捏塑，双耳、双眼及嘴部有锥刺浅坑，双眼及嘴部锥刻小坑外面绘黑色圆形，额头绘一波浪线似为发饰，下部绘一垂弧线似为下颌，人物形象生动传神。（图39）

图38 秦安县焦家沟出土的人面纹彩陶瓶

图39 马家窑文化人头形把彩陶勺

3. 鸟形彩陶勺

1956年甘肃省皋兰县糜地岘出土，高3.5厘米，长10.5厘米，宽5.5厘米，橙白陶，马家窑文化半山类型。该器勺柄部被捏塑成弯曲的鸟头及脖颈，勺身捏塑为中空半球状椭圆，勺柄顶端以较粗的短线绘出鸟的眼睛，颈部绘三粗两细五道横线，勺身绘三组三角形纹饰，倒扣时，整体造型极似一只浮于水面的鸟，非常生动、自然，现藏甘肃省博物馆。（图40）

图40 马家窑文化鸟形彩陶勺

4. 人头型器盖两件

分别高14.8厘米和12.5厘米，两件都附加捏塑出两耳，前额顶部捏塑两突起似代表史前人类头盖骨并不圆平，高14.8厘米的一件用褐红彩画出了眼睛、鼻孔及嘴，用黑彩画出了眉毛、眼袋、鼻梁及胡须；高12.5厘米的一件两眼及嘴分别镂空成圆和椭圆形，面部用黑彩和红彩绘有繁复的花纹，有似猫科动物，两件颈部均有多圈横彩绕连，似为颈饰。这两件器物是安特生20世纪20年代在西北进行考古活动时于广河县半山遗址发现的，现藏瑞典远东博物馆。（图41）

图41 现藏瑞典远东博物馆的两件人头型器盖

5. 带鋬人头彩陶壶

1971 年青海民和县山城出土，高 17.5 厘米，口径 8.2 厘米，底径 8.2 厘米，褐黄陶，马家窑文化马厂类型。该器上腹部捏塑有一人头形突鋬，鼻梁高隆，眼眶深陷，眼睛和鼻孔及嘴五窍皆锥刻有浅孔，头顶发束及嘴部以黑彩强化，人物形象显示为孔武有力的男性，现藏青海省文物考古队。

6. 人头形器口壶两件

两壶均为 1974 年青海省乐都县柳湾墓地出土，分别高 22.5 厘米和 30.5 厘米，褐黄陶，马家窑文化马厂类型。两器上面人头的双耳及鼻梁均为捏塑，鼻头均各锥刺两浅孔，面部彩绘差别较大，高 22.5 厘米者眉毛、眼睛及上下嘴唇的胡须画得写实而简略，左右眼睛下面分别画三道和四道竖线，头颈饰以平行线代替。高 30.5 厘米者面部描绘较复杂，装饰性强，颈部画有非常写实的贝壳图案，两器现藏青海省文物考古队。

7. 人形浮雕彩陶壶

1974 年青海省乐都县柳湾六坪台墓地出土，高 33.4 厘米，口径 19 厘米，褐黄陶，马家窑文化马厂类型。该器从器口至器腹塑绘有一全身人像，其中双耳、眼、鼻、口、四肢、胸及会阴多处捏塑为浮雕形式，眼、口分别有锥刻孔洞，眉、耳、眼袋、胸、会阴、双臂绘有黑彩。该人像头部高鼻大耳、表情严肃，加之胡须浓密似为男性，但是会阴部明显地表达为女性特征，应该具有特殊的含义，现藏青海省文物考古队。（图 42）

图 42　乐都县柳湾出土的人形浮雕彩陶壶

8. 筒状杯

1974年甘肃省永昌县鸳鸯池墓地出土，高24.6厘米，口径12.3厘米，土黄陶，马家窑文化马厂类型。该器下腹部捏塑有一人头形突錾，突錾上以黑彩绘出人面，其中发际和鼻梁相连成M形，双目下有多道竖线，口鼻小而精致，应为女性，现藏甘肃省博物馆。

9. 羊形陶哨

出土时间不详，高3.5厘米，褐色陶，齐家文化。该器整体捏塑为一只站立的羊形，口及尾部各有一个孔洞，两孔通过腹部相连接并且可以吹响，羊身多处以褐色绘有不规则圆形斑点，两眼及鼻孔亦着彩绘，整体形象生动自然，为秦安县博物馆在堡子坪征集而来。

10. 羊头形把手杯

1976年玉门市火烧沟墓地出土，高5.1厘米，口径4.4厘米，底径3.3厘米，浅褐陶，四坝文化。器把手捏塑为带有脖颈的羊头形，羊角盘绕，鼻孔和两目有锥刺孔洞，以黑彩精细地绘制出了羊头及羊角上的花纹细节，塑绘结合得恰到好处，十分生动，现藏甘肃省博物馆。（图43）

图43 玉门市火烧沟出土的羊头形把手杯

11. 三狗钮盖方鼎

1976年玉门市火烧沟出土，高25厘米，长23厘米、宽21.7厘米，四坝文化。鼎盖上捏塑有三只站立的犬，均表现为双耳高竖，四肢粗壮的形态，犬面部及嘴绘有厚而突出的褐彩花纹，形象生动可爱，现藏甘肃省博物馆。

二、塑绘结合装饰的分类研究

捏塑、锥刺和刻削都属于雕塑方法，是立体的三维空间的艺术，绘画是平面的二维空间的艺术，用捏塑、锥刺和刻削结合彩绘表现同一物象，无疑可以丰富装饰效果，提高艺术表现力。从上述例证中，我们可以看到塑绘结合这种三维空间和二维空间相结合的，对空间、造型、质感、肌理、色彩进行综合考量，总体筹划的整体装饰意识在新石器时代的彩陶艺术中就已经产生并且被广泛地使用，并取得了良好的艺术效果和视觉表现力。但由于是初发阶段，上面所列举的彩陶，其塑和绘两种装饰方式并没有固定或统一的形式规范，体现出较为自由和随意的一面，致使每一件器物都非常特别。但若把塑和绘两者先行分开，从对物象造型表达得完整程度入手，似乎塑绘结合的装饰又可以被简单地划分为两类：第一类是以捏塑、锥刺和刻削结合彩绘，来共同表达一个完整的物象，塑绘结合的目的是为了将物象表达得更加完整和完善。比如前段提到的例1，焦家沟出土的人面纹彩陶瓶，浮雕形式的鼻、耳和彩绘而成的眼睛、嘴巴及颈饰共同构成一个完整的头像。又如例2，马家窑人头形把勺，以捏塑加锥刺浅坑表现双耳，以锥刺浅坑加彩绘表现双眼及嘴巴，以彩绘一波浪线和一弧线分别表现发饰及下颌，利用雕塑和绘画相结合的手法共同构成一个完整的男性头像。此外，例3、5、8也如同前两例，都是结合雕塑和绘画两种手段，共同表现同一物象。这一类表现手法，反映出史前人类的观察方式非常直接，造型表达方式也十分直观、朴素。利用捏塑、锥刺和刻削表现物象固有的造型起伏，利用彩绘强调物象原有的色彩差异。

另外一类，经捏塑和锥刺后器物上面的物象本身已经呈现出比较完整或完善的面貌，换而言之，它们已经是比较完善的浮雕或圆雕作品了，附加在这些浮雕或圆雕作品上面的彩绘无关物象造型，只是对物象进一步的装饰和美化，也就是说这些绘画是对"塑"的装饰，对于器物而言是二次装饰，具备多重装饰的特点，和后来的彩塑有些相类似。如例7，柳湾出土的人形浮雕彩陶壶，该器全身人像经捏塑、锥刺和刻画，五官、四肢及躯干已经呈现为比较完善的浮雕，但是仍然在眉、耳、眼袋、胸、会阴、双臂等多处绘以黑彩作为强调和再装饰。又如例4，现藏瑞典远东博物馆的两件人头型器盖中高12.5厘米的一件，人头造型经过捏塑，两眼及嘴通过刻削、镂空后已经表现为完整的圆雕形态，但在其上仍然进行了非常繁复的，有似猫科动物花纹的彩绘，也纯粹是对雕塑的装饰。前文所述例9和10也属于这一类。

新石器时代塑绘结合的彩陶，无论是共同塑造了一个完整的物象还是取得了多重装饰效果，都是无关于器物功能的，它们所企图反映和表达的都是精神层面的东西。由于史前人类认识水平有限，巫术观念主宰着人们的头脑并会把它带到生存活动的各个方面，在彩陶盛行的装饰初发阶段，装饰行为本身可能伴随着精神功利需要而拥有特定的文化含义。因此，塑绘结合的彩陶，这些看似直观、真实的"艺术作品"中往往包含着史前人类复杂的意念和想象，是真幻一体的，具备巨大的情绪感染力，对后来中国艺术，特别是中国雕塑艺术和器物设计的装饰性和意象性两大根本特征的形成都产生了深刻的影响。（图44）

图44　玉门市出土的人形彩陶罐

三、塑绘结合装饰手法的发生、发展、流变和影响

塑绘结合的装饰手法从目前发现的考古资料来看，在有可能早于彩陶的史前岩画和史前石器上都不存在，故此，应用于新石器时代彩陶艺术，应为最早的例证，可以视为发端。在中国彩陶发展序列中，塑绘结合的装饰方式不见于最早产生彩陶的老官方文化，亦不见于仰韶文化半坡类型。仰韶文化庙底沟类型因为有较为发达的陶塑，为塑绘结合装饰方式的产生提供了基础条件。1978年征集于甘肃省秦安县，早年出土于大地湾遗址的人头形器口彩陶瓶，是目前发现的第一件兼有人头像捏塑和彩绘图案的陶器，该器高31.8厘米，口径4.5厘米，底径6.8厘米，器口被处理成一个圆雕的少女头像，短发齐额，五官端正，挺鼻小嘴，面庞秀丽。鼻子、眼睛、嘴巴皆为镂空，双耳各锥刺一小穿孔，可以垂挂饰物。瓶体腹部从上到下饰有三层大体相同的黑彩图案，主题花纹由两个弧边三角纹对接组成圆圈，内填充垂弧纹并且配合以斜线、侧弧及凹边三角纹。这件彩陶瓶被视为史前雕塑作品的重要代表，但其塑和绘是分离存在的，结合得并不

紧密。

　　以此为发端,从马家窑文化马家窑类型开始,塑绘结合的装饰方法经常被应用到同一物象上,而且,绝大多数作品表现的是人头部,塑和绘结合得既概括又准确,具备较高的艺术性。在马家窑文化半山、马厂两个类型中塑绘结合进一步发展成熟,表现的范围延伸至全身的人以及蛇、鸟、蛙、猪、犬、羊等动物,绘在这一时期多表现为对塑的再装饰。在齐家文化、四坝文化中鸟和兽的形象进一步增加并且超越人而成为主要题材,捏塑造型开始由写实逐渐发生变异,由天真、质朴向整饬和抽象演变,个别作品体现出礼制时代器具造型和装饰的某些特点。四坝文化之后,随着彩陶艺术的衰落,塑绘结合的彩陶也随之消失。

　　塑绘结合陶器的发生、发展过程与新石器时代陶塑"萌生于老官台文化,兴起于仰韶文化,盛行于马家窑文化,变异于齐家文化"相比较略有滞后,同整个彩陶文化从创生至繁荣的发展时间相比也滞后一些,毕竟,塑绘结合是以陶塑和彩陶的发生为前提的。原始彩陶衰落以后,塑绘结合的装饰手法并没有消亡,特别是由此而形成的对空间、造型、质感、肌理、色彩进行综合考量,总体筹划的整体装饰观念,以及装饰上面附加装饰的多重装饰意识并没有消亡,并且在此后的雕塑艺术和器具、造物设计中进一步发展、演变。这种演变可能和战国、两汉"错采金镂、雕缋满眼"一类审美趣味的形成有一定的渊源。在之后的佛教造像艺术中,随着泥塑的兴盛还衍生出新的面貌。

　　南北朝时期,随着佛教在中国的广泛传播,出现在山崖壁面上开凿的洞窟形佛寺的现象,同时在石窟里营造佛像、绘制壁画。随着前秦、北魏的统治阶级阶段性接受佛教,这种风气愈演愈烈,佛教造像开始盛行。彼时的佛教造像既是宗教思想的宣传品,也承担了帝王权贵的部分政治欲念,石窟、寺庙的扩展导致造像和壁画创作迅速发展,为了提升宣传效果,雕塑和壁画经常被有意识地融汇为窟龛装饰的一个统一体,塑绘结合的装饰方法随之展现出新的风貌。

　　麦积山石窟中开凿于北周时期的第四窟，其门楣顶部有七幅飞天壁画，每幅各置飞天四身；"其中前五幅壁画飞天脸部和肌体部分均为薄薄一层优质细泥塑出，其他如衣着、飘带、饰物及周围的流云、花饰等均彩绘而成。将立体的浮雕和平面绘画珠联璧合地结合在一起创造性地绘制出了薄肉塑飞天壁画，在中国石窟壁画中独此一处，成为中国石窟壁画中的经典之作"。薄肉塑壁画的出现把塑绘结合的装饰方法提升至另外一个层面，在薄肉塑的表现方式里这些薄薄的浮雕是服务于绘画的，是对绘画肌理的提升和造型方法的突破，它是结合塑而创生的一种全新的壁画形式。（图45）同一时期，位于甘肃省武山县城东25千米鲁班峡响河沟北岸的拉梢寺摩崖造像，体现出更加新颖的面貌。拉梢寺摩崖造像利用凹进去的砂砾岩山体断面，以先雕刻，再泥塑，后绘制的方式创造了一幅巨大的结合浮雕和圆雕的壁画，其表现手法"在塑做技法上采用'挖、塑、贴、压、

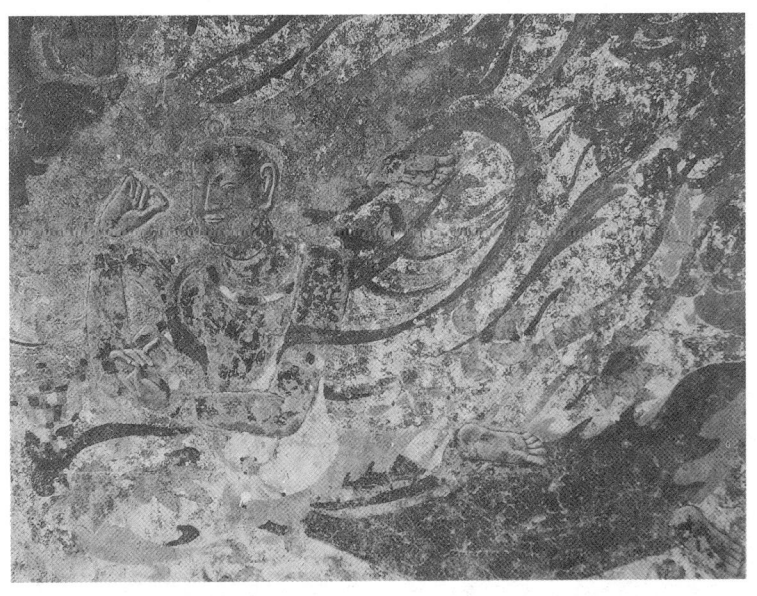

图45　麦积山第四窟中的薄肉塑飞天壁画

削、刻'等多种形式，最后的妆彩中采用'点、染、刷、涂、描'等方法"，几乎把雕塑和绘画的所有方法都融合在一幅巨大的作品中，使得塑和绘相得益彰，互为装饰。

在麦积山四号窟中还一幅面积较小的经变画，佛、弟子、护法、法物及树木等物象使用凸起的彩线条进行表现，"又出现佛教石窟寺壁画艺术中从示见的'沥粉塑'壁画"。

沥粉塑以塑代绘，发展成为一种立体化的、彩色的、带有精细趣味的装饰线条，并最终演化为"沥粉堆金"的装饰手法，特别是在元明清三代"沥粉堆金"被大量应用在建筑、造像、壁画、器具的制作中而成为一种传统。至此，新石器时代由彩陶而发端的塑绘结合的装饰方法，彻底丧失了整体考量、宏观把握的一面，综合表现已然消失，装饰上面附加装饰的多重装饰观念则被推向极致，并最终演化成繁复堆砌的装饰技艺。

四、结语

塑绘结合的装饰方式最早产生于史前彩陶艺术，这一装饰方式所具备的空间装饰意识，体现出史前先民对视觉形成的把握原初就带有宏观、整体的特质，这种原生的宏观和整体意识具备强大的视觉感染力和视觉本质意义。在塑绘结合的彩陶艺术中，二维和三维并不是造型形态的划分界线，它们统一在一起而成为表达某种视觉观念或整体形象的形式载体，而这一点恰恰是今天视觉艺术被细化之后，经概念性的人为割裂而所匮乏的。

参考文献：

[1] 老官台文化的绝对年代在公元前5900年至前5000年左右，甘青史前彩陶中最晚的沙井文化绝对年代在公元前1000年至前500年左右.

[2] 张朋川. 黄土上下 [M]. 济南：山东画报出版社，2006：65-71.

[3] 滑岚. 麦积山第四窟薄肉塑壁画艺术探微 [D]. 西安：西安美术学院硕士学位论文，2009：24.

[4] 温锴. 浅谈浮雕造像和壁画的艺术特色 [J]. 文艺生活·文海艺苑，2012（7）：158-159.

[5] 顶一峰. 麦积山石窟第四窟七佛龛壁画初探 [J]. 石窟寺研究，2010（第一辑）：119-129.

齐家文化玉器浅说

远古时代，人类即有石崇拜，特别是在中国，古人把拥有美丽的质地和漂亮花纹者和普通石头区分开来，称这些"石之美者"为玉。新石器时代，红山文化、良渚文化和齐家文化的玉器都体现出高超的制作水平和艺术水准。他们把这种"阳之极也"的"美石"奉为天地的精华，在祭祀活动中用它们来沟通天、地、神、人，并且制作特殊的工具和精美的装饰品，久而久之，玉的使用在中国形成了一套严格的规范，玉被罩上了一层神圣的光环，充满了神秘色彩。

齐家文化，因1924年首先发现于甘肃省广河县齐家坪遗址而得名。主要分布在甘、青境内的黄河沿岸及其支流，陕西西北部、内蒙古西部和宁夏部分地区，距今在4300—3800年之间。主要特征为：一是有独具特征的陶器群；二是出现了红铜器和青铜器；三是有成熟、发达的玉器。其玉器内涵之丰富，品种之繁多，工艺之精美，令人折服。齐家文化玉器是继红山文化和良渚文化以后的第三个具有相当品种、规模的独具特色的玉文化个体，齐家文化玉器的特点可以从以下几个方面进行概括。

一、齐家文化玉器的玉材上乘

齐家文化时期，玉被广泛地运用在社会生活的各个方面，由于用玉量很大，加之受制于当时的交通及地理影响，还没有条件使用统一的优质的玉材，因此齐家文化玉器用玉的取材范围特别广泛，既有就地或就近取材的甘肃马寒山玉、武山鸳鸯玉、祁连山岫玉、青海玉等地方玉，也有优质的新疆和田玉，还有少量的绿松石和玛瑙。新疆和田玉多质地纯美，地方玉质量参差不齐，有些玉料含有较重的石质。齐家文化玉器从用料来看，甘肃、青海本地玉和新疆和田玉的比例大约是 7∶3，即 70% 是本地玉，30% 是和田玉。在 4000 多年前，使用和田玉能够占到 30%，应该说已经达到了相当高的比例。一般情况下，礼器类的琮、璧、环、圭、璜、戚、钺、璋等，多选择玉质滋润、色泽纯美的和田玉。工具类的斧、铲、刀、凿等，多选择质量参差不齐的地方玉，礼器类玉器用料较好，而工具类玉器用料较差。

和田玉的发现与运用可能早于齐家文化，但大量使用当始于齐家文化。正因为齐家玉文化的取材范围特别广泛，所以齐家文化玉器的颜色也是多种多样，有青色、豆青色、豆绿色、墨绿色、深绿色、黄绿色、浅绿色、淡黄色、灰色、黑色和白色等。在新石器时代齐家文化玉器种类多样，特别是用材质地优良，即便是和红山、良渚两大杰出玉文化相比较，单就玉材来看也是优于后两者的，尤其是齐家文化玉礼器。

二、齐家文化玉器制作精良，但装潢节制

从出土实物来看，齐家文化玉器从形制上有明显的早晚之分。早期玉器器物种类比较少，形状比较单一，制作不甚规整，器物平面与器壁薄厚不均，部分玉器还带有切割留下的突棱。晚期玉器器型增加，制作变得精细，切割水平大幅度提升，器物平整，器壁薄厚均匀，规矩大气。装潢手法丰富多样，个别器物上出现了阴线雕琢、浅浮雕、圆雕及绿松石镶嵌，阴线雕琢和浅浮雕线条极其规整娴熟，圆雕雕工浑厚质朴，古拙厚重。镶嵌绿松石的玉器分两种情况，一种是嵌后整体打磨，使绿松石与玉面平齐，另一种是嵌后再将绿松石磨光，给人以浮雕的感觉。齐家文化玉器无论是制作水平较低的早期玉器还是制作水平很高的晚期玉器，其大器多素面无纹，圆雕小件较多，阴线雕琢和浅浮雕技艺虽然比较高超，但运用较少，装饰上体现出比较节制的特征。

总体而言，齐家玉的制作，从选材、切割、钻孔、琢磨、抛光来看，已形成一套完整的制作工艺，带有明显的作坊制规模化生产特点。制作不同的器物时采用的工艺也不尽相同。玉礼器用材较好，制作精细，注重琢磨和抛光，大气美观，艺术水平较高；工具和兵器等实用器制作规整，功能突出。无论是素面无纹的还是装饰纹样的，从艺术性上看都显示出浑圆饱满、凝重大气的美学特点。齐家玉器装潢节制，其高超的工艺主要通过切割、钻孔、抛光各个环节而集中体现出来。从玉器上残留的切割痕迹分析，齐家文化玉器早期以绳和泥浆状的解玉沙进行切割开料，晚期则采用片状无齿锯加解玉沙切割，大部分玉料上可以看到留存下来的切割痕迹，由于水平高超留存的切割痕迹本身具备一定的肌理感。齐家玉器的钻孔方式可分为单面和双面钻两种，一般较薄的玉器采用单面钻孔，单面钻孔起始面孔大而另一面孔小，呈喇叭状。较厚的玉器采用从两面对穿的方式钻孔，无论是单面还是双面钻，大部分玉器的孔洞内都留有螺旋纹痕迹，双面钻的玉琮内部还可以看到对钻时留下的台痕。这些螺旋纹痕迹保留了加工的过程信息，反映了加工工艺的干净利落，体现出独特的视觉感受。齐家玉器的磨光也非常精细，有的玉器表面平整光洁犹如镜面。这可能和和田玉细腻的材质有直接关系，齐家玉器的磨光可能是使用兽皮加磨砂擦磨完成的，玉表呈现温和深沉的光泽，精光内蕴，大显古玉之风。但是齐家玉器磨光多在器物表面，并不磨光旋切痕迹和钻孔痕迹，很好地保留了加工的过程信息，显得更加古拙。

三、齐家文化玉器体现出"大"的美学特征

齐家文化玉器在中国玉历史的长河中给人最直观的感受和最典型的特点就是大。这种大又表现在下面几个方面。

1. 器形硕大

齐家文化玉器无论是工具类还是礼器类,多有巨型器物。如玉琮、玉璧、玉璋、玉圭、玉刀的尺寸,不少都超过已知同类礼器的尺寸。高和直径超过二三十厘米的玉琮,长达六七十厘米的玉璋、玉圭和多孔玉刀,直径在三四十厘米的玉璧,不乏其例,都表现出体形硕大的特点。显然,大是齐家文化玉器的刻意追求。在这些硕大的玉器上经常可以看到原生石皮,这些石皮都处于器物的外边缘,在璧、璜之类的外形呈圆形的玉器上最为常见。这种刻意留皮的做法和今天的玉器留皮形成俏色的巧雕完全不同。今天留皮或俏色巧雕主要是追求更丰富的视觉层次和更细腻的美感。齐家文化玉器上的原生石皮是追求材料加工最大化的过程中留下的。为了在一块材料上加工出最大的器物,齐家玉工们将器物外形一扩再扩,甚至在某些地方外形溢出了材料轮廓之外。经过反复调整,最后,材料的外形被结合成器物形状的一部分,原材料的外形及皮色也就自然而然地留在器物之上。留皮使齐家文化玉器保持了同原材料之间更多的联系,留下了更多原材料的信息,也保留了大自然的印记,使人对玉器的生成产生壮阔的联想。

齐家文化玉器硕大的器形背后是以高水平的开料为前提的。开料是指将原材料切割分块的过程,是玉器琢磨的准备阶段。一般来说,玉器加工之前先开料,再加工成坯体,然后进行雕琢,最后还要进行抛光和装潢。但齐家文化的玉器却是个例外。为了追求材料的最大化利用,齐家玉工们将开玉视为玉雕工作本身,初次切割的痕迹会被保留在最后完成的器物

上。他们追求"大器不琢"的美学效果。因此，齐家文化玉器多不进行富丽的美化性装潢，甚至切割分形处不进行抛光，器物制作完成后，大面积地保留了切割痕迹，体现出切割有力、精准的特点，反而更好地表达出粗放豪迈的气势。

2. 造型大气

齐家文化玉器从造型上看，多以方、圆等基本形为主，给人以大气庄重的感觉。这种大气庄重的感觉主要来自于以下几方面：首先是结构简单。齐家文化玉器的结构十分简单，玉璧自然不用述说，比如玉琮，多以短射式为主，琮的外形方正而略带弧度，四面均似瓦形，与圆形射形成呼应，方圆相喻，这种简单的处理手法体现出的微妙变化却丰富了视觉上的效果。（图46）再如旋玑，整体呈环形的基础上，外轮廓一般都由三处弧线三角形突出环绕构成，简洁里表达了对整体造型的关照，这种简单的结构反而

图46　齐家文化的玉琮，体现出方圆相喻的造型特征

更能体现切割工艺的水准。其次是造型古朴。齐家文化玉器以方或圆等基本形为主体，并且经常喻圆于方或喻方于圆。比如玉璧、石皮部分不可能是规整的圆形，但它却给人以圆的意蕴。所以齐家玉器能给人以饱满的感受，这种饱满感引发非加工的天然感，古朴而庄重，显现了造型的大气。

3. 美学的大

一般而言，玉的美主要体现在材料和工艺两个方面，因此有玉不琢不成器的说法，但是清代学者在论及高古玉器时认为"大器不琢最珍贵"，其实大器不琢并不是不进行加工，而是指加工的巧妙和工艺的洗练。齐家文化玉器硕大的形制、简明的结构、洗练的装饰、古朴的造型正好体现了这种不事雕琢、宛如天成的大美，对后世造物及美学影响巨大。（图47、48）

图47 齐家文化玉璋体现出结构的洗练

图48 齐家文化玉钺体现出宛如天成的美学感受

"大"在中国美学中是一种独特的概念，源远流长。其内涵和我们今天谈论的壮美有许多相似之处，和西方美学中崇高也有一点儿关联，都体现出中正和反对机巧的一面。老子说，"既雕既琢，复归其朴"。朴，就是一种浑然天成的大美。朴，字面的意思可以理解为未经雕琢的素材，也就是原材料。"朴散为器"，器物都是通过改变自然物的本来面貌后才得以来实现的。朴是原生的，是道的产物；而器是实用的，是人工作用之后的结果。老子认为，改变自然的本来属性和使用人为制造的器物会破坏人身心本真的单纯性和统一性，使人的心迷失于外物之中。因此，老子对人类的造物活动基本持否定态度，主张尽可能地舍弃使用人造物和成器活动。当然造物在大多数时候是必不可少的，但制造这些必需的造物时一定要实现对朴的关照，造物过程要充分利用原材料的种种自然属性，少用人力，将人为干预降到最低限度，达到适用（即合乎使用目的）即可。"三十幅共一毂，当其无，有车之用。埏埴以为器，当其无，有器之用。凿户牖以为室，当其无，有室之用。故有之以为利，无之以为用。"老子看到车轮子必须有辐条作为支撑，但只有中间是空的时，才能实现承重运转的目的；用泥土制成的陶器只有中空时才能盛放东西；用木材盖成的房子只有中空时才能提供居住功能。以上三者都充分证明无才是合乎使用功能的造物的根本目的。因此，造物最关键之处在于实现合理的可以被充分利用的无。造物技艺的最高境界是既实现了功能又少用人力，物品和自然之间保持着高度的联系，这样的造物过程才是大巧，物品只有大巧才能实现大美。

老子关于"大巧"和"大美"的论断可以分解成两个层次进行解读。一是最大的大巧和大美是自然的杰作，所谓"天地有大美而不言"。所以人类的造物活动必须洞悉和模仿天地大美的内在规律，实现对"道"的关照才能产生包含大巧的美器。二是大巧和大美的物品以实现用为终极目标。造物所涉及的一系列工作以利于用为前提的情况下越少越好，应该剔除所有与造物功能无关的工艺过程，否则过犹不及。其实这种古老的智慧和我们今天的造物思想是暗合的，现代设计讲求"多、快、好、省"，其中"省"主要指造物的理性和节制。

齐家文化玉器最大化的取材方式，正是出于对人工干扰因素的排除，而尽可能地彰显材料本身的美。其加工方式从开料伊始，就体现出一种极强的宏观控制能力，强调基本形的处理，形与形转折结合处，强调关联性多做弧线为连接，处理手法微妙，浑然一体，饱满而有张力。齐家文化玉器的少事雕琢，增加了器物的强度，能够更好地实现用的终极目的，于凝重中体现出美学的大。

总体来说，齐家文化玉器可用"玉材上乘、品种多样、器形美观、制作精致、大气凝重"来概括。其中"大气凝重"是它们最为突出的特点，这种特点体现了"既雕既琢，复归其朴"的造物智慧，对中国传统造物思想有深远的影响。

参考文献：

［1］赵桂玲．中国玉器［M］．上海：上海古籍出版社，1998.

［2］Herbet Whitlock, Martin Ehrmann. 中国玉器研考［M］．1949.

［3］叶茂林．浅谈齐家文化玉器［N］．中国文物报，2001.

［4］杨伯达．"玉石之路"的布局及其网络［J］．南都学坛，2004（03）．

［5］王裕昌．甘、青、宁博物馆馆藏齐家文化玉琮、玉璧研究［J］．丝绸之路，2011（12）．

商、西周时期青铜器上的兽面纹研究

青铜是指铜和其他化学元素的合金，在广泛使用青铜的商周时期称青铜为金或吉金，多以锡和铅与铜合成。铜是在烧制陶器的过程中偶然发现的，在进入青铜时代之前，有一个漫长的技术和经验积累的过程。从考古资料来看铜在距今 6000 余年前的仰韶文化时期就已经出现，西安半坡仰韶文化遗址中，曾发现过地质不纯的黄铜片。最早的青铜器是 1975 年在甘肃东乡回族自治区林家的马家窑文化马家窑类型遗址中发现的青铜小刀[1]，登丰王城岗遗址出土的铜器残片证明龙山文化时期能够铸造容器，甘肃、青海地区的齐家文化遗址中多次发现铜制生产工具和装饰品。

考古发掘资料表明，豫西和晋南的二里头文化是典型的青铜文化，当时生产的青铜工具、兵器、容器和乐器的铸造技术已经相当成熟。而这个时间段正好与夏相对应，夏王朝开启了我国奴隶制先河，因此，青铜时代是伴随着中国奴隶社会的出现而步入，奴隶制的兴盛而达到高峰，奴隶制的消衰而衰落。春秋晚期，铁器出现并且逐渐取代了青铜器的主导地位，社会也进入向封建制度转型的大变革时代，青铜时代也随之宣告结束。但是，美丽的青铜器物并没有立即退出历史的舞台，而是随着铸造技

---

[1] 甘肃省文物工作队等. 甘肃东乡林家遗址发掘报告——考古学集刊（4）[M]. 北京：中国社会科学出版社，1984：111 - 161.

术的提高和神圣内涵的消退演变成精美的工艺品，并在某些特殊领域继续发挥着它的作用。直至汉代，青铜铸造工艺仍然呈现出美丽的余晖。

中国的青铜时代从公元前2000年左右形成，直至春秋时期，大约经历了15个世纪。中国青铜艺术延续的时间则更长，至汉方衰，经历了大约20个世纪。纵观这些伟大的造物可知，青铜艺术在商和西周时达到顶峰，这一时期的青铜器，体型巨大、装饰繁复、铸造精良、含义神秘，代表了中国青铜艺术的最高水准和整个青铜时代造物的最高水平。

从纹饰方面分析，齐家文化铜器上已经有直线构成的简单几何图案作为装饰，夏代出现实心连珠纹和以线条表现的动物纹，以后逐渐发展，出现了表现自然现象的云雷纹，表现人的活动的人物纹、动物纹以及几何类纹饰，这些复杂的形象通过精巧的构图组合在一起，彰显着青铜器的庄重、华丽和神秘，成就了青铜艺术令人无法抗拒的魅力。总体而言，动物纹涉及的题材最为广泛，它们伴随着青铜器的发展与衰落，一直占据着青铜器装饰纹样的主体地位。动物纹又可细分为兽面纹、龙纹、凤鸟纹等，它们不但有写实形象也有几何化的变形。商、西周时期的青铜器，兽面纹最为发达，绝大多数器物以兽面为主体纹饰，兽面纹的研究也因此具备特殊的价值。

一、兽面纹发展概述

宋代起，青铜器研究者多把商周彝器上那些夸张的动物称为饕餮纹。《山海经·神异经·西荒经》中有云："饕餮，兽名，身如牛，人面，目在腋下，食人。"又据《吕氏春秋·先知贤》记载："周鼎著饕餮，有首无身，食人未咽，害及其身，以言报更也。"[①] 由此可知，饕餮是一种有首无

---

① 参见《吕氏春秋》卷十六《先识览》，北京大学藏《四部丛刊》本。

身,吃人不用咽的贪食动物,这种传说中的神兽源自先民幻想,又集现实生活中多种大型巨兽的特点于一身。其形象具备复合性,森严、狞厉,非常夸张。后来,不少学者发现青铜器上只表现兽的头部有首无身的形象较少,大多数两侧有左右展开的躯体和尾,所以改称饕餮纹为兽面纹或更加确切。

商、西周时期兽面纹的特点是以额和鼻梁为中轴线,做左右对称展开。一般上部为角,中部为眉、眼,眼两侧为耳,下部为大张的嘴,但嘴因过度夸张只有上唇及上齿,没有下颌。所有商、西周时期的兽面纹都是在这一模式的基础上发展、演变的,在各个不同阶段其表现手法和技巧差异较大。

1. 商代早期的兽面纹(萌发期)

商代早期的都邑在今河南郑州,时称商城。中国田野考古学产生以来在商城一带的二里冈、白家庄、张寨南街、杨庄、南关外、二七路等地发现了多处商早期墓葬和青铜器窖藏。出土器物显示,这一阶段的青铜器物种类还比较简单,器壁普遍较薄,器身纹饰多为浅浮雕。兽面纹已经成为器物的主体纹饰。此时的兽面纹比较简单,多以粗犷的曲线勾回构成,整体形象还比较抽象,对兽目的表现比较到位,夸张有力。但出于铸造水平的限制,兽面表现的复杂程度和器物体积大小关系非常密切,一般较大的容器上的兽面纹体积较大也比较复杂,除了兽目还表现兽角,形象刻画准确,写实程度较高;较小的器物兽面纹体积较小也比较简单,有的甚至只有兽目,写实程度较低。以兽目为中心进行夸张表现,线条轻浅、单薄乏力是此期兽面纹最大的特点。(图49)

图49　商代早期的兽面纹处理得非常简单，线条轻浅，单薄乏力

2. 商代中期的兽面纹（发展期）

商代中期的青铜器以河北藁城台西村遗址下层、北京平谷刘家河商代墓葬、殷墟文化一期等地出土的青铜器为代表。这一时期的青铜器较之前有很大的发展，器壁增厚，器物雄浑，器身纹饰线条由原来的轻浅、单薄变得较为细密、有力。纹饰种类增加，雷纹和羽状纹比较常见，以浮雕为主，个别出现高浮雕的附加饰物。兽面纹仍是器物主体纹饰并向复杂发展，随着表现技术的提升，兽面写实程度有所增强，除着重表现的兽目和兽角外，整体图形保持了较高的造型表现水平，并且具备强烈的象征意味，体现出一定的神秘、恐怖气息。

3. 商晚、西周早期的兽面纹（高潮期）

商晚期的时间一般以武丁后期算起，至帝辛接近200年。西周早期的青铜器，多因袭商人遗风，这是因为周人克灭商之前还没有大规模的青铜铸造业，在灭商之后，周同时也接收了商人从事青铜铸造的奴隶以及商的部分青铜礼器，并将之分配给各诸侯，才有了周初的青铜工业。因而周早期的青铜器基本上与商晚期一致，其纹饰也出入不大，特别是兽面纹很难仔细区分，故而统一论述。

这段时间出土的青铜器物较多，但最具代表性的还是殷墟妇好墓、小屯村18号墓、武官村大墓等地墓葬器物。商晚、西周早期的青铜器已经非常成熟和发达，比之商中期，无论是器物种类还是造型技艺都有巨大提升,特别是在艺术装饰方面,平雕、浮雕、圆雕综合运用,这一阶段是青铜器大发展的时期,呈现灿烂辉煌的发展高峰。

商晚、西周早期的青铜器,体型进一步增大,器壁增厚,个别器物重达数千斤,这为装饰图案的发展预留了极大空间。青铜器的纹饰高度发达,一般由主纹和地纹双重纹饰构成装饰,平调、浮雕、圆雕手法相互结合,在装饰纹样上再进行附加装饰,纹饰主干和地纹对比强烈。此期,兽面纹仍是最主要的纹饰,形象向具体发展的同时出现多种表现样式。既有高度写实的,又有比较抽象的,还有兽目十分写实其余部分运用其他几何纹饰进行代替综合表现的。具象的一类的兽面纹经常对兽角进行夸张和扩大,兽目相对缩小,并向圆和高发展,有的形似即将发怒的牦牛,有的形似恐怖的鬼魅,充满了神秘色彩;抽象一类的兽面纹兽目仍然高凸而充实,角、耳、鼻、嘴被遒劲的线条勾画成简明的形象,与地纹统一在一起,意象广阔深邃;综合表现一类的兽面纹其目也较高而突出,眉、嘴多用单独的夔纹替代,再配以卷曲的地纹,语义更加神秘。

商晚、西周早期的兽面纹,其面部特征都比较统一,但是角的种类却很多,一般人也可以根据日常生活经验进行区分。比如,河南安阳候家庄出土的几个兽面纹大方鼎,其兽面似牛的,而铭文正好也为牛;花纹似鹿的,其铭文也为鹿,兽面纹角形还有向下盘曲似羊者,作倒 C 型弯曲变角为耳似虎者,角作夔纹似龙者等,变化丰富。(图50)

4. 西周中晚期(衰落期)

从西周中期开始,青铜器在各个方面出现了急剧的变化,和西周早期的形成了明显的分界。首先是青铜器出现了许多新样式,产生了许多新颖的器形。其中鼎、簋、尊、方彝的变化较大,且形式复杂多样,青铜乐器有很大发展。总之,这一时期器物种类和纹饰的增多冲淡了兽面纹在青铜器纹饰中的统治地位,并且和这一时期的其他纹饰一样删繁就简了。西周中晚期兽面纹开始衰落，纹样在基本保持传统样式的前提下向粗疏发展，高浮雕结合低浮雕再加地纹精心表现兽面的情况已基本不见。同时，兽面纹的具象特点开始消解，除兽目尚可辨认之外，其余部分保持了对称构图的同时和地纹开始混为一体，逐渐演化为装饰的一部分。此时的兽面纹不再具备庄严的神秘感，变得可有可无了。这很可能与礼制的衰落有很大关系，因为兽面纹所代表的王权象征意义严重削弱时，必然导致精神意义的视觉消解。至西周晚期，兽面纹完全衰落，变形兽面的出现表示兽面纹开始解体，有的变形兽面甚至已经不再做具体描绘，鼻准线退化为两条竖向的曲线，角耳退化为横向的曲线，和几何纹已经没有太大的区别了，至此，兽面纹彻底退出了青铜器装饰的历史舞台。

图50 商晚、西周早期的兽面纹角的类很多，变化丰富，语意神秘，同现实物象的关联度也很高

二、兽面纹的语义和功能

兽面纹是否具备特定的含义或某种社会性功能，长期以来存在着两种完全不同的观点。一种观点认为青铜器的纹样没有任何特殊的意义和社会功能，只是纯粹的装饰。① 另一种观点则认为，在天命论充斥着人们思想的上古时代，青铜礼器的纹饰具备特定的含义，同时承载着特殊的社会功能。②

青铜作为人类掌握的第一种金属材料，在夏、商、周上古三代，它既是珍贵的生活资料，又是重要的军需物资，在提高社会生产力和军队战斗力方面具有特殊的意义。青铜占有量的多寡和铸造水平的高低对任何一个国家而言都意义重大。"国之大事在祀与戎"，那时的统治阶级为证明自己统治地位的合法性，经常举行与巫术相关的祭祀活动，《史记·龟策列传》载："自古帝王见国受命，兴动事业，何尝不宝卜筮以助善。唐虞以上，不可记已，自三代之兴，各具祯祥。"从夏开始，中国历史进入一个新阶段，早期宗法统治秩序逐渐形成和确立，阶级出现，奴隶主统治阶级为了强化自身统治，为其统治披上"建国授命"的外衣，来宣传其统治是合法的，是上天的意旨。过去史前社会全民性的图腾崇拜为主的巫术活动逐渐转化为祖先祭祀。祭祀的礼仪成为统治阶级强化统治思想的工具，所以青铜礼器纹饰一定是强化这种思想的产物。

关于青铜纹饰的社会功能，《左传·宣公三年》上也有明确的说明，"昔夏之方有德也，远方图物，贡金九牧，铸鼎象物，百物而为之备，使民知神奸。故民入川泽山林，不逢不若。螭魅罔两，莫能逢之。用能

---

① 参见［美］艾兰（S. Allan）. 早期中国历史思想与文化［M］. 沈阳：辽宁教育出版，1999：228.
② 参见张光直. 中国青铜时代［M］. 北京：生活·读书·新知三联书店，1983.

协于上下，以承天休"。可见铸鼎象物的目的在于知神奸，去鬼魅，协上下，承天休，其教育意义远远大于实际功能。青铜器的庄严鼎列，在彰显强大国力的同时还承载着特定的精神语义。

兽面纹所表现的可怕动物，应该有两种含义，第一种是肯定自身，保护同类；另一种是惩戒敌人，恐吓异己。这种可怕的动物和图腾有潜在的联系，"1986年6月发现于浙江反山M12：98玉琮和M12：100玉钺上完整、复杂的神人兽面"①。浙江反山良渚文化玉器印证了青铜器上的兽面纹是图腾的一种变体。图腾崇拜起始于氏族社会，原始社会图腾的含义更多的是肯定自身，保护全氏族成员，为氏族成员共同的崇拜的对象。而进入奴隶社会之后，氏族内部分化，阶级产生，新的图腾不再保护全体氏族成员，而成为特定阶级力量的象征和保护"祯祥"。顺我者昌，逆我者亡，这些"祯祥"在肯定自身的同时被赋予排除异己的另一意蕴。被保护者的范围缩小了，只是少数统治者的"祯祥"，所以兽面纹以较为具体的形象表现出来，并且随着阶级社会的深入发展而演化出各种各样的造型样式来。

无论以后兽面纹是如何演变的，但可以肯定的是，最初牛在其中起到了相当大的作用。从商早期的青铜器看，兽面纹产生伊始就有较为清晰的目和角，其目和角无论从其样子本身还是从组合方式来看，都应该是牛。到目前为止，牛仍然是许多少数民族宗教祭祀里的圣物。中国西南有的少数民族地区，牛头作为宗教仪典的主要标志，被高高挂在村口的树梢，对该族群具有极重要的含义并起保护作用。这种观念和商周时期应该是一样的。兽面纹产生可能是这样一个过程，商早期或更早开始，统治阶级在祭祀时经常用牛这样的大型家畜以显示权利、财富和地位。切割下的牛头被供奉于那个庄重场所最醒目的位置，牛首双目圆睁，临死时的挣扎和痛苦

---

① 浙江省文物考古研究所反山考古队．浙江余杭反山良渚墓地发掘简报［J］．文物，1988（1）．

都被保留了下来，恐怖而又充满巨大的力量感。于是统治阶级将这种有震撼力的图式浇铸在青铜器上，形成兽面纹。这种神秘的图像既可以很好地肯定自身，又可以恐吓异己。

若牛是兽面纹最初的想象基础，那么就说明兽面纹的产生和生活中的视觉经验有直接的关联。为强化意念中潜在的某种原始的力量感，这种恐怖的图式又被人为地夸张，它们来源于"真实的想象"，是在一些真实动物的基础上，统治阶级为其自身利益的需要，想象、制造出的神秘图式。它们象征了权威和超现实的神圣力量，丰沛的精神含义使得它们具有独特的视觉美感。

三、兽面纹独特的美学价值

商、西周青铜器代表了中国青铜器艺术的最高水平，原因主要有两点：一是整体器物造型同各种附饰、纹饰的整体适应性非常高，具备浑然天成的美感；二是装饰体现出神秘的寓意和象征性，产生强烈的震撼力。第一种美感是青铜器整体作用的结果，而第二种美感主要来自兽面纹。

商、西周青铜器在造型、主要纹饰以及辅助性纹饰上体现出一种整体而统一的厚重风格。特别是商晚期、西周早期的器物，体量巨大，器壁厚实，装饰以浮雕或高浮雕的兽面纹为主，局部结合圆雕或出戟表现造型高潮，再配以浅浮雕或平雕的云雷纹、重环纹、窃曲纹为底纹。器物不仅通体装饰，而且装饰之上再附加装饰，层次分明，节奏感强烈，于雄浑厚重的形体中体现出丰沛的精神内涵，强化了人们的视觉体验，丰富了人们的精神感受。

中国自夏起就建立了统一的国家，但夏、商、周三代，大规模的兼并战争一直没有停止过，屠杀、俘获、奴役、压迫，强有力的统治是建立在残酷和血腥之上的，战争使社会由分散走向统一，暴力促进了社会文明，那是一个崇尚武力和征伐，通过杀戮推进文明的时代。商周时期受制于人类认识水平的局限，社会各阶层迷信思想都相当严重，敬神重鬼，信仰祖先，大小事情都希望通过巫术而求得先祖的庇护。祭祀活动也因此变成了对自己的氏族、祖先和当下野蛮吞并战争的颂扬。比成王败寇更可怕的是，战败后成为奴隶的人被看作是可以随意处置的私有财产，人殉现象很是普遍。青铜器作为礼器本来就是统治阶级独享的器物，这种代表身份和地位的物品还有一个任务就是要承担社会各阶层的思想教育任务。崇尚武功和暴力的时代精神，使狰狞、残暴、野性成为一种张扬的美，生活中的残酷与血腥也因此被工匠们精心地表现在青铜器上。比如，出土于湖南省安化的商代青铜器"虎食人卣"，着力表现的是雄壮威武的虎，至于那被噬的人，弱小而毫无表情，如同没有痛感的植物，等待被吞噬才是他命运正确而唯一的选择。

　　青铜器上的兽面纹是残暴统治最为杰出和有力的颂歌，它们样式夸张，造型精美，铸造技术精湛。兽面纹中那曲铁盘弯的线条充满了挣扎，那高耸突出的双目表达了狰厉，那弯曲粗壮的双角书写着暴力，那对称低垂的鼻孔喷射着怒气……它们好似即将发怒神灵的瞬间之形象写照，又好似牺牲者垂死时奋力地挣扎。商周奴隶工匠们在雕琢这些兽面纹时又有怎样的哀怨或叹息呢？我们虽不能复述，但好在生命感知的共同性仍然能够让我们在面对这些壮硕的器物和神秘的图案时，感受到恐怖、狰狞、残暴、野性和神秘带来的巨大震撼，于血腥中体验到生命抗争所凝结的美。

先秦时期器物标准化生产原因初探

标准化生产是一个近一百年来才开始被广泛提及的话题。20世纪初，德国工业同盟针对工业生产标准化问题展开激烈辩论。[①] 最终，坚持认为应该推行工业化标准生产的穆特休斯和彼得·贝伦斯一派击败了坚持工业产品应该守住艺术性与个性底线的凡德·威尔德一派。自此，德国工业彻底摆脱了艺术追求的制约和手工技艺的羁绊而迅速发展，走在了世界现代化的最前列。而中国标准化生产早在西周时就已经开始，考古发掘中出土的许多该时期的容器、量器、兵器甚至礼器，制式一致、重量相等，证明当时已经出现了标准化的生产加工方式。尤其是到了战国时期，这种批量化、统一化生产体现出相当的规模和水准。这一时期，器物多采用按部件分类加工，再组合成器，最后修饰、装潢的生产程序。这种器物部件的批量化、统一化生产，证明战国时期的器物生产方式和我们今天所谈论的标准化生产存在相似之处。

《睡虎地秦墓竹简·工律》曰："为器同物者，其大小、短长、广夹

[①] 德国工业同盟（Deutscher Werkbund），1907年成立，德国第一个设计组织。其创始人有德国著名外交家、艺术教育改革家和设计理论家穆特休斯，现代设计先驱贝伦斯，著名设计师威尔德等人。其宗旨是通过艺术、工业和手工艺的结合，提高德国设计水平，设计出优良产品，它在理论与实践上都为20世纪20年代欧洲现代主义设计运动的兴起和发展奠定了基础。

（狭）必等。"秦国这种"为器同物者必等"的器物生产方式在考古发掘中进一步得到了证实，秦俑一号坑出土的兵器里"部分弩机部件、规格、大小基本一致，表明当时可以相互通用"①。部件相互通用正是标准化生产的典型特征。

如果研读一下《考古记》就会发现，先秦标准化生产在齐国也是确定存在的。该书以攻木之工、攻金之工、攻皮之工、设色之工、刮磨之工、抟埴之工的顺序展开，并将当时的手工业分为上述六大部门。在各部门内又按所造器物分为三十个工种，在每个工种之内再进行细分，分工的精细化充分证明齐国手工业的标准化生产色彩。如轮的制造，一般工匠只负责制造轮的某个部件，最后再由技艺高超的工匠进行装配。"三材既具、巧者和之"②，《考古记》所记述的工作方式具备今天标准化生产的核心特征。

《考古记》记述的以技术类别作为划分手工业生产部门的方式颇为科学。因为，"术业有专攻"，可以最大限度地突破技术瓶颈。先秦手工业生产过程中，大多数器物制造之时是需要跨部门进行合作的，如前面提到的弩机制造，就需要攻木的部门、攻金的部门和攻皮的部门通力合作。在部门之下按器物分类将具体工作进一步细化，有利于推动批量化、统一化水平的提高。所以先秦时代，不仅已经出现了标准化的生产现象，而且其规模和水平都应该比较高。那么先秦时代为什么会在手工业生产里出现标准化现象呢？笔者认为，应该从以下几方面解读。

一、不变的器物型制是标准化得以进行的前提条件

先秦时代，统治阶级为了强化自己的统治地位，建立了森严的等级制

---

① 上官绪智. 秦汉时期兵器生产情况新探［J］. 湖北师范学院学报（哲学社会科学版），2007（7）.
② 闻人军. 考工记译注［M］. 上海：上海古籍出版社，2008：12.

度。《周礼·春宫》规定"上公九命为伯,其国家、宫室、车旗、衣服、礼仪者皆以九为节;伯侯七命,其国家、宫室、车旗、衣服、礼仪皆以七为节;子男五命……士用三或一"。将器物使用也纳入社会政治制度,其目的是"辨等级、明尊卑",周礼要求使用的器物必须能够表明使用者的身份,身处何种地位,在何种场合,这就是所谓的"制度名物"。我们可以通过《周礼·春官》"大宗伯"条来了解一下举行大型祭祀活动时使用玉器的有关标准:"王执镇圭,公执桓圭,侯执信圭,伯执躬圭,子执容璧,男执蒲璧"。从其中镇圭、桓圭、信圭、躬圭、容璧、蒲璧之称谓,可以想象对祭祀用玉的规定之详细。

由于器物和人们的日常生活及行为方式密切相关,是思想教育的有力武器,在"制度名物"的规定下,器物的使用被包裹上一层神秘色彩和礼教的外衣。"度爵而制服",普通百姓即使拥有充足的钱财,其生活用度都不可以超越"礼"的规定。住宅的高度和体量,器物上的装饰花纹,服饰的色彩和图案等,生活用品上的种种细节都被规定了下来,以限制变相的超越或突破规范使用器物的行为。严格的"制度名物"其目的是为了实现"藏礼于器",规定器物使用的标准和型制有利于教化思想、规范行为。先秦时代,尤其是春秋之前,器物的制式都是规定的,不可以随意进行改变。因此,先秦器物虽然种类繁多,但具体到每一种类,其型制却是十分的稳定。

《考工记》有言,"圣人创物,巧者述之,守之世,谓之工。百工之事,皆圣人作也"。先秦时代人们普遍认为,器物是圣人所创,心灵手巧者以其才能将它叙述出来,手工业者的任务是坚守它,将它一代代丝毫不变地传承下去。西周之时,由于诸侯大都遵礼法行事,所以器物型制非常稳定。到东周之后,随着社会生产力的提高和经济的发展,出现了一批富裕的工商阶层,他们试图通过展示经济实力来彰显地位,导致出现了"戏仿"的器物。这些"戏仿"的器物虽然在一定程度上破坏了器物造型的稳定性，但对"僭越"行为的严厉打击使得这类物品并不能够代表造物的主流。另外，即便是这些"戏仿"的器物和强调物品个性和创意的现代社会相比，也还是非常稳定的。规定的造型和相对不变的制作方式，必然会带动生产和加工方式的规范化。

先秦时期手工业以官营为主，服务对象主要针对以国君为主的贵族集团，因此，手工业对社会政治有很强的依赖性，"制度名物"对器物的严格规定有利于国家为主的手工业的进步和精细化划分。"圣人创物"的神圣物品观，有利于更进一步稳定器物造型。所以，不变的器物造型是标准化生产方式得以在先秦展开的前提条件。

二、特有的天时、地利观和批量处理材料的劳作方式为标准化加工做了铺垫

中国人在造物时处处表现出顺应自然的一面，特别是在生产力相对低下的先秦时期，造物活动更是表现出顺应天时、地利，尊重材料特性的特点。"天有时、地有气、材有美、工有巧、合此四者，然后可以为良。材美，工巧，然而不良，则不时，不得地气也。橘逾淮以北而为枳。鹳鹆不逾济，貉逾汶则死，此地气然也。郑之刀，宋之斤，鲁之削，吴、越之剑，迁乎其地，而弗能为良。地气然也。燕之角，荆之干，妢胡之笴，吴越之金锡，此材之美也。天有时以生，有时以杀，草木有时以生，有时以死，石有时以动，水有时以凝，有时以泽，此天时也。"① 《考工记》将天时和地气作为影响造物质量的最主要因素，加以特别论述，认为天时、地气对器物质量起决定作用。事实上，这种"人与天调"的传统造物思想在封建时代及其之前的造物活动中影响一直都很大。在这种观念指导下古人

---

① 闻人军. 考工记译注［M］. 上海：上海古籍出版社，2008：1.

使用的材料多以木、漆、骨、筋等天然物为主，采用就近取材的原则，充分利用季节变换和天气变化因素选择材料加工的时间。因此，古人手工艺活动时一般不悖天时、地气和材料特性，并且经常巧妙地借用这些因素来提高工作效率，起到事半功倍的作用。即便是烧制陶瓷这种看上去和季节因素关系不大的造物活动也十分注重"上承天时，下接地气"。唐代诗人陆龟蒙赞誉越窑青瓷有"九秋风露越窑开，夺得千峰翠色来"的著名诗句，之所以选择农历九月前后烧制瓷器，是因为秋天的天气既不过于干燥也不过于潮湿，有利于陶瓷器胚体充分干燥又不至开裂，窑温比较容易控制，因而烧制的瓷器成品率高，质量也较好。

为了更好地利用天时、地利因素，古人经常将工作流程分解开来，分段加工。比如木器的加工，一棵树在砍伐之前首先要"矩其阴阳"，就是对木材向着太阳和背着太阳的部分分别做上标记，然后"以火养其阴，而齐诸其阳"。就是对背着太阳湿度较大的部分进行烘烤，使木材内部水分达到平衡，将来制作的车轮便不会在使用一段时间后因背阳部分水分蒸发而变形。这种对材料的预先处理是在充分掌握材料性能的前提下展开的，其目的可以使材料性能更加符合工艺要求。

不同部分的部件以不同的工艺在不同的季节里完成，制弓就是很好的例子。先秦时期的工匠一般都是在冬天制作弓身，让木质部分经过漫长的干燥后，来年春天制角，夏天制弓弦部分，秋天进行组装。组装之后再装入特定的弓匣里固定弓身曲度，一年左右后才算完工，这样做出的弓才能达到必需的强度。

这种分段加工方式虽然使单件器物的制造周期延长，但在达到一定数量后，其平均工时不增反减。一方面，是因为巧妙地利用了天时、地利的因素，使工艺活动事半功倍。另一方面，分段加工有利于集中时间和精力从事某一工艺环节，提高了效率，同时也节约了材料。更加重要的是器物的分步骤和分解加工方式为标准化生产做出了应有的铺垫。其实，这种节时、省力、减少消耗的器物生产组织方式，在中国"人与天调"造物观引导下产生是自然而然的事情。

三、大规模生产为标准化加工创造了条件

西周时期生产力不发达，所以吃饱穿暖、社会稳定是压倒一切的大事。因此，农业被认为是一个国家的立国之本，农业占据社会经济生活中心地位，是国家财富的主要来源。同时，发达的农业也为手工业和商业以及其他社会活动提供了保障，而被视为本业。手工业和商业与本业相对应，则被视之为末业。受生产力发展水平制约，整个先秦时代都弥漫着浓厚的"重本轻末"思想。尽管手工业地位有限，但手工业产品毕竟为社会所必须，尤其是社会上层，供社会上层使用的手工业产品，除了生活必需品之外多是祭器、车马、服饰、金玉玩好之类，都多少有点奢靡的色彩。同时手工业相关的更大一部分则和国防、军事、国家工程等关系密切。所以，西周的手工业是以服务国家、服务社会上层为主要消费对象进行生产组织的。

先秦时期由于国为君所有，君与国在大多数时候被视为同一概念，因此，这种服务于国家和上层的手工业被认为是"专奉于君"的。《周礼·地官·司徒》记："卝人掌金玉锡石之地，而为之厉禁以守之。若以时取之，则物其地图而授之，巡其禁令。""卝人"就是专掌矿业的人，他的工作是"测绘和保管矿区地图，并颁发给采矿的具体负责"。[①] 另外，据《管子·地数篇》记载，当时发现有"出铜之山四百六十七山，出铁之山三千六百九山"。可见先秦时期国家对矿产资源的重视和了解程度。"专奉于君"的手工业多由国家集中组织、管理，在国家的统一指导下进行生

---

① 丁海斌，滕春娥. 先秦时期的科技档案与科技档案工作［J］. 档案学通讯，2007（3）.

产，因此，规模一般都很大。从考古发掘来看，目前考古发现大型的铸铜、制陶、制骨手工作坊遗址多处。以1973年开始发掘的洛阳北窑西周铸铜作坊为例，其面积达28万平方米，分工精细、规模宏大。

今天的江苏无锡在西周时因生产锡而著称，名曰"锡山"，经过周秦时大规模的生产消费资源日渐枯竭，后被更名为无锡，这一说法最早出现在唐人陆羽的《惠山寺记》中，谓"山东峰，当周秦间大产铅锡，至汉方殚。故创无锡县，属会稽。自光武至孝顺之世，锡果竭，顺帝更为无锡县，属吴郡"。过量的开采竟然引起了地域性的能源枯竭，可见周秦两代手工业的规模之巨。

到东周时期，随着社会生产力的发展，商业得到迅速发展，甚至出现了商业贸易中心性质的大都会。从史料来看，齐国的临淄，赵国的邯郸，楚国的宛、陈都是富甲天下的名都。商业活动的发展促进了手工业的发展，大规模的手工业在民间也逐渐出现，手工业总体水平和规模得到极大提升，并且出现了认为奢靡事业可以促进经济发展的理论。管仲认为"兴时化若何，唯善奢靡"①，扩大消费，促进流通，可以提升平民就业，进而提高整体经济发展水平是管仲奢靡消费论的核心。这种理论显然是从手工业及商业发展过程中总结后得出的。另外，礼制崩坏，使"僭越"行为频发，也从另一面折射出经济的繁荣程度和民间手工业的发展水平。手工业发展和商业的繁荣促生了相对富裕的工商阶层，社会购买力的增长对于民间手工业来说也意味着市场的进一步扩大。至战国时期，社会对手工业产品的整体需求不断增加，使手工作坊的规模和水平都得以快速提升。无论是"专奉于君"的国家手工业还是民间手工业，都拥有相当的规模和水平，为批量化生产创造了条件。许多器物在批量化生产之后，其大小、形制、纹饰、重量完全一致，战国的民间生活器具充分表现出这一特点。比

---

① 参见管仲《管子·奢靡篇》。

如，青铜镜、带钩、熏炉、铜灯等绝大部分是批量生产出来的。容器、量器更是如此，消费规模的扩大带动了批量化加工，而批量化加工进一步促进了标准化生产。战国时期，器物标准化生产达到了很高的水平，并且在其后的一千余年中一直没有被超越。

四、军事器具的生产为标准化加工树立了典范

春秋战国时期，正处于雅斯贝尔斯的著名的命题——"轴心时代"。然而正是这一学术思想繁荣、生产力提升飞快、经济相对发达的时期，却充满了战争和变乱，孔子在春秋时期就已经感慨："诸侯恣行，淫奢不轨，贼臣篡子滋起"①，特别是由春秋进入战国后，列国兼并战争更是连年不断。在稳定农业的前提下，工商业作为富国强兵的手段和途径乘势兴盛。

此时，手工业的巨大突破是于战备物资的生产中取得的。一方面，国家对军事用品需求数量激增，促进了手工业的发展；另一方面，改进和提升军事用品功能对手工业提出了新的技术要求，从而促进了手工业技术提升，其中最能说明问题的是关于剑的铸造了。1965 年，湖北江陵县望山楚墓群 1 号墓发掘时，出土越王勾践剑一把，剑身下端以鸟篆纹饰有"越王鸠（勾）浅（践），自乍（作）用剑"八个字。此剑出土时仍寒光耀目，毫无锈蚀，非常锋利。1977 年 12 月，上海复旦大学静电加速器实验室的专家们与中国科学院上海原子核研究所活化分析组及《中国冶金史》编写组的学者们一道，通过科学检测，得出了剑身青铜合金分配比的准确数据表。越王勾践剑的主要成分是铜、锡以及少量的铝、铁、镍、硫。剑身的黑色菱形花纹是经过硫化处理的，剑刃的精磨技艺水平可同现代在精密磨床上生产出的产品相媲美，剑的各个部位铜和锡的比例不一，因此锋利无

---

① 参见《周礼·冬官考工记》"筑氏、玉人"条。

比，花纹艳丽。越王勾践剑背后潜在当时青铜铸造的最高水平。因此，这一柄剑的科技、文化价值不亚于当时最重要的礼器。无独有偶，在兵马俑发掘时也出土了许多青铜剑，兵马俑出土的剑，制式一致，剑身长度接近四尺，应该是当时标准的军事用器。这些剑在出土时虽然在地下已经埋藏了两千年有余，还仍然保持了一定的锋利性，将剑在一叠纸上轻轻划过，几乎是仅仅凭借剑体自身的重量就可以划破多层的纸张。可见当时铸剑水平之高，正是军事用品功能的高需求提升了青铜冶炼、制造水平。

先秦时代，诸侯国之间不仅战争频繁而且规模很大，大国之间交战动辄几万甚至数十万人。如此大规模的战争自然需要有序的编队和统一的指挥来提高战斗力。因此，装备统一化带动装备生产的标准化成为时代的必然。比如，戈和戟的制造，《周礼·冬官考工记》"筑氏、玉人"条记载："戈广二寸，内倍之，胡三之，援四之。已倨则不入，已句则不决，长内则折前，短内则不疾。是故倨句外搏。重三锊。戟广寸有半寸，内三之，胡四之，援五之，倨句中矩，与刺重三锊。"① 上述记载表明当时齐国在生产戈和戟时不仅规定了重量、型制，同时就连戈、戟的援与胡之间的夹角也给予具体的规定。其实，当时的诸侯国在战备物资上都进行统一的标准化生产，弓、弩、箭、矢、剑、戈、矛、盾、甲、盔，甚至是战车。军事用品的标准化生产不仅开启得早而且其程度也高，代表了当时标准化加工的最高水平，为日常生活用品的标准化生产树立了榜样，起到了带动作用。

先秦时代的手工业标准化加工方式，应当是起始于对功能稳定性要求极高的军事用品。像戈、戟、弓之类的武器，其结构尽管看似简单，但加工过程却一点也不简单。以戈和戟的木柄为例，当时战车上士兵使用的戈戟的木柄远长于今天的刀、枪之类，接近3米。如此长的木柄在使用时往

---

① 参见《周礼·冬官考工记》"筑氏、玉人"条。

往往会因为摆动曲度过大，刚度不足而导致杀伤力降低，为了增加刚度，工匠们在其木柄加工时一般会采取复合工艺。按照《考工记》记载，木柄中心以略方的木为主材，四周加青竹篾或片状木条，再以丝线紧密缠绕，最后髹漆加固。这样生产出来的戈柄才能取得合理的刚度，直冲时摆动幅度较小，勾啄时曲度适宜。一件小小的木柄的制作工序竟然如此复杂，可见，只有严格的工序和标准化的加工过程才能保证其稳定的质量。正是军事用品这类看似十分简单的器物，却因功能需求，对加工过程提出的严苛要求，促进了手工业生产流程和工艺的统一化，为标准化生产树立了典范。

当然，先秦器物标准化生产还有其他诸多的因素。比如，理性的思维方式、系统化的造物思想以及通用设计观念的萌芽等。总之，对器物形制、功能的统一性要求才是标准化生产的根本前提。先秦时代，器物生产标准化现象在用的层面昭示了那个时代的伟大。

两宋宫廷瓷器浅说

瓷器可能是制陶过程中，因为陶泥中羼和了一定比例的高岭土，在高温烧制下于偶然中产生的，是中国人独有的发明。早在公元前 1500 年的商代，原始青瓷就已经出现，经过漫长的发展和演变至宋代时，瓷器烧制水平达到了前所未有的高度，瓷器文化空前繁荣，尤其是在宫廷御用的瓷器的推动下，其成就彪炳史册。两宋宫廷用瓷器被公认代表了我国青瓷烧造的最高水准，也代表了器物审美的最高境界。

两宋宫廷用瓷的成就主要体现在技术和文化两个层面。技术层面看，宫廷用瓷的设计、制作、烧成、遴选，是由许多人共同来完成的，精益求精，优中选优，在看似简单的外表下，凝结着杰出的制作技艺和烧造技术。文化层面看，两宋宫廷用瓷器基于宋代追求古朴素雅和隽永的美学趣味，凝结了属于那个时代的完美文化基因。从这些造型简约和装饰单纯的器物上，我们可以体味到一种纯粹的美。从这些尽善尽美的器物开始，我国瓷器的观赏性压倒了使用性，精神成果超过了实用价值，两宋宫廷用瓷使得中国的陶瓷真正步入了艺术的殿堂。

一、两宋宫廷瓷器的界定

说起两宋宫廷用瓷，我们首先会想到"官窑"。"官窑"起自唐，有两种含义：一是指"贡器"；二是指"官厂"。"官厂"指朝廷垄断，专窑专烧，专门提供御用瓷器。"贡器"指由朝廷设定标准，由朝廷指定专人按这一标准在民窑中统一采办征收，其目的也是收集宫廷用瓷。在设置"官厂"前，宫廷用瓷多采取的是"官监民烧"形式，在指定的民间窑口烧出的瓷器里千挑万选，取合乎要求者上贡给宫廷。为了方便宫廷用瓷的采办，唐代在产瓷区设有司务，如唐景隆初（公元707—709年），任命褚绥为新平司务，奉诏监烧献陵祭器。宋代设监，如太平兴国年间（公元976—983年），派赵仁济监理越州窑务。北宋后期，随着国家经济水平的提升，宫廷对御用瓷器的要求不断提高，逐渐变得苛刻，尤其是艺术造诣非常高的赵佶登基后，设置了"官厂"，宫廷的御用瓷器由"民窑"供瓷发展为朝廷自置烧造。

据《宋史职官志》记载："将作监'所历官署十'首列修内司，掌宫城太庙修缮之事，名列官署第六的是'窑务'。"北宋人孟元老在《东京梦华录》中也说北宋政府管理机构设有内诸司和外诸司，在外诸司下设有修内司和"东西窑务"。显然，在宋徽宗设置"官厂"自置烧造前，宫中用瓷都由"东西窑务"这个专门机构来负责的。"东西窑务"实际上是一个全国性窑口管理机构，兼有收集贡器的任务。具体做法是"东西窑务"的官员们在了解、考察全国各地窑场的基础上，对比优劣，结合宫中要求选得瓷器样品，然后报呈宫中，把符合要求并经过最终确认的窑口定为"待诏供御"，由他们烧制提供宫中的御瓷。在北宋宫廷自置官厂前，定窑、建窑、哥窑、耀州窑、龙泉窑、当阳峪窑等民间窑口都有过为朝廷烧制御瓷的短暂历史。

到了政和年间，宋徽宗赵佶对民间生产的"待诏供御"瓷器很是不满，决定设立直接管理的"官厂"自置烧造，狭义的官窑由此产生，并且自此成为一种专称，专指由宫廷设置的窑场，由朝廷组织和管理生产、控制产品流向，专门服务于宫廷的御用窑场。宋官窑由于是在徽宗赵佶的直接授意下建立的，集中了当时全国最好的制瓷名匠和最好的原材料，不计成本地集中攻关，专门研究，优中选优。所以，官窑烧造的宫廷用瓷在美学和技术上都取得了重大突破，提高了宫廷御用瓷器的品质。

关于官窑建立的原因，南宋人叶寘在其著作《坦斋笔衡》中有这样一段记载："本朝以定州白磁器有芒，不堪用，遂命汝州造青窑器，故河北唐、邓、耀州悉有之，汝窑为魁。江南则处州龙泉县窑，质颇（粗）厚。政和间（1111—1118年）京师自置窑烧造，名曰官窑。中兴渡江，有邵成章提举后苑，号邵局，袭故京遗制，置窑于修内司，造青器，名内窑；澄泥为范，极其精致，油色莹澈，为世所珍。后郊坛下别立新窑，比旧窑大不侔矣。"叶寘的这段话逻辑十分清晰，不仅解释了两宋宫廷御用瓷器的历史，还说明了宋徽宗建立官窑的原因、演变过程以及官窑和其他窑口的区别等诸多问题，更重要的是说明了定窑白瓷不为宫廷所用的原因。

基于以上记载，我们可以知道两宋狭义的官窑有1111年至1118年的北宋官窑，南宋的修内司官窑和郊坛下官窑三处。宫廷用瓷里，汝州，河北唐、邓、耀州悉有之。然而，经过"靖康之变"，为魁的汝窑和北宋官窑彻底覆灭，南宋虽然设立了修内司和郊坛下两处官窑，但烧造水平有所衰落，甚至不及汝州，河北唐、邓、耀州等窑的"待诏供御"瓷，致使人们一谈起宋官窑，都一致认为官窑、汝窑、哥窑、均窑才是所谓的宋四大官窑。北宋"官厂"是否包括汝窑、哥窑、均窑，《坦斋笔衡》上并没有讲清楚，但上述三窑被指定为"待诏供御"提供宫廷御用瓷器却是不争的事实，尤其是北宋时期宫廷的御用瓷器，确实是以官、汝、哥、均为主的。

二、两宋宫廷瓷器的艺术特点及社会背景

1. 两宋宫廷的御用瓷器和民间瓷器的差别

依赖于陶瓷烧造技术的成熟和经济的发展，宋代瓷器千姿百态、异彩纷呈，体现出非常高的水平。定窑、耀州窑、磁州窑、龙泉窑、建窑、吉州窑、景德镇窑各领风骚，和所谓的"四大官窑"共同构成了中国瓷器的高峰。但是，两宋宫廷的御用瓷器在器形、瓷质、釉色上和民窑瓷器都存在较大的差别，其品质之卓越远非民窑瓷器可比。官、汝、哥、均四大宫廷御用瓷器虽然各有特点，但是把它们和民窑器物相比较，就会发现，官、汝、哥、均四大宫廷御用瓷器，美学趣味高度相似，共同之处颇多。

首先，两宋宫廷的御用瓷器造型多仿秦汉之前的玉器、青铜器，高古典雅、古朴庄重，和民间瓷器差别较大。宫廷用瓷造型单纯、简练、求正不求奇，外形不张不弛，其比例、尺度、均衡、韵律等方面经得起反复推敲，体现出一种毫不张扬的、含蓄典雅的、静态的、内在的美。分别来看，汝瓷多为文房用品、陈设瓷和祭祀用器，一般无大器，器型主要以盘、碟、洗、盆、瓶、尊为主，器物造型凝重古朴，具有浓厚的宫廷色彩；官窑瓷多陈设和祭祀用器，兼有碗、盘、洗、碟等日用器物。陈设瓷和祭祀用器造型多有仿商、周、秦、汉的青铜彝器、玉器造型，贯耳瓶、鬲式炉、盏托、三足尊、出戟尊是常见器物；哥窑器物和官窑比较相似，造型也多仿古制，贯耳瓶、鱼耳炉、五足洗、渣斗式尊最为常见，造型古朴，制作精细；钧窑器多为盆、瓶、盘、碗等日常生活用品，也烧造少量的奁、尊、洗等陈设瓷，大器较多，花盆与盆奁多有六方形、八方形、椭圆形、菱形以及各种花瓣形，造型特殊，在其他宫廷的御用瓷器中是罕见的。两宋宫廷的御用瓷器，器型多仿自周、汉古制，造型严谨，小型器颇为多见。虽然造型简洁，体积不大，但是它们所表现的气度，却不可漠视。（图51）

其次，两宋宫廷的御用瓷器装饰上简洁而不简单，追求温和典雅的色彩，器物表面不事雕琢，但非常注重釉面的色彩、玉一般的光泽和釉面本身的肌理之美。汝窑瓷器以青釉为主，以绝妙的釉色取胜，追求"雨过天青"的明朗色彩和莹润感。汝瓷绝大多数有细密的开片，错落有致的细纹片和莹润的釉面结合，透明无色似冰裂，回味无穷；官窑器釉色以青釉为主，多次施釉，薄胎而釉质稠厚，釉面呈现玉一般温和的乳状酥光，官窑器由于胎中含铁量高而胎色深，稠厚的釉质在器物口沿处较薄，呈现黄褐色，足端无釉处呈现赭黑色，因此有"紫口铁足"现象，胎釉对比强烈；哥窑器釉层较厚，釉面布满开片，开片有大小之分。大开片色黑，小开片褐黄，黑色的大开片与褐黄色小开片交织成"金丝铁线"，层次丰富，美不胜收；钧瓷最大的特点在于其通过窑变产生出的绚丽色彩和肥厚釉汁堆积形成的自然起伏。钧瓷通过窑变有月白、玫瑰红、茄皮紫、丁香紫等色调，色彩融合自然，结合器物口沿和边棱凸起处釉汁堆积形成的"蚯蚓走泥纹"，美不胜收。两宋宫廷的御用瓷器装饰上简单，不事雕琢的态度体现了更加深刻的造物思想和美学追求，不求高华绚丽，而以平淡之美为艺术极境，素雅之中表现着内心的意蕴和高雅的艺术格调。

　　两宋民间窑口的瓷器烧造技艺也非同凡响，但是和宫廷用瓷比较，体现出另一种美学风格，最大特点是注重装饰。定窑的薄胎印、贴花，耀州窑的刻花，磁州窑的剔地，吉州窑的素胎彩绘，建阳窑特殊的窑变釉，等等，这些各具特色的装饰手法配合上普通

图51　两宋宫廷的御用瓷器造型简洁，但表现出的气度却不可漠视

百姓喜好的缠枝莲花、凤穿牡丹、海水游鱼、锦簇团菊、婴戏纹、飞鹤等图案花给人一种热闹、喜庆、祥和的美感。

宋宫廷用瓷和民间瓷器在精神面貌上差别很大，官窑瓷以高超的制作技术为依托，体现了理想化的、唯美的一面。其器物强调精神感受，褪尽了人间烟火，孤标傲世、超凡脱俗；而民窑瓷则强调"人气"的旺盛和世俗化的一面，重装饰和生活趣味，呈多元化，是不羁于成规的自由生长，两者可谓大相径庭。

2. 两宋宫廷用瓷的社会背景

两宋时期，中国瓷器烧制水平之所以能达到前所未有的高度，其成就能够彪炳史册，当归于大的社会环境背景因素。因为宋王朝开国皇帝赵匡胤是通过发动兵变而取得了天下的，所以宋朝从建立开始就执行"重文抑武"的治国观念，在这种观念支配下文人的社会地位空前提高，社会思想意识形态也因此而相对宽松。宋太祖赵匡胤执政期间，宫廷的御用器物以陶瓷制器为上。最初，赵匡胤是本着节流开源的目的，结果上行下效，达官贵人、文人雅士都一改唐人那种追逐金银玉器的奢侈豪华之风，以使用陶瓷制品为荣，从而大大推动了陶瓷业的迅猛发展，陶瓷业的迅猛发展又为提供高质量的宫廷御用瓷器准备了条件。

两宋相对宽松的管理方式，使得国家把政治重心放到经济建设上，为了扩大国家财政收入，两宋都对工商业实行鼓励政策，宋王朝在立国之初调整了重农桑、轻工商的传统做法，都城东京很快便成了"万姓交易"的大市场。城乡经济繁荣，工商业空前发展，城市兴盛。张择端的《清明上河图》为我们描绘了宋代"八荒争凑，万国咸通，集四海之珍奇，皆归市易"的发达城市和繁荣的工商业景象。工商业的发展和繁荣为国民经济的提升创造了条件，提高了人民生活水平，这一切都在很大程度上进一步促进了陶瓷业的发展。另外，宋朝国家财政收入也因工商业的发展而增加，这必然导致国家上层统治者在器物上对艺术与审美的追求。有了"东西窑务"这个专门负责向宫中提供瓷器的机构和御瓷典选机制，使得各地窑口为成为"待诏供御"而争相发展，瓷器品种增加，宋宫廷御用瓷器在唐代的基础上迅速提升到了一个新境界。

宋徽宗作为宋文人士大夫的杰出代表和中国历史上的艺术大家，其书法、绘画取得了斐然的成就，同时，其艺术追求深刻地影响了当时的美术创作和器物美学。赵佶这位政治上无所作为的皇帝却在文学、艺术方面体现出少有的才能和热情。他才情俊朗，才华出众，尊信道教，大建宫观，自称教主道君皇帝。书法上独创如"屈铁断金"的瘦金体，笔画细瘦而富有弹性，运笔迅疾、锐利，张弛有度中体现出少有的秀美和雅致，舒展大气里包含着舒畅和洒脱，有一种"天骨遒美，逸趣霭然"之感，个性色彩强烈。绘画上宋徽宗既可以作精工富丽之作又善用水墨渲染的技法，他曾亲自为画院出考试题目，诗词、文物品鉴皆通，还组织编撰了《宣和画谱》《宣和书谱》和《宣和博古图录》，全面的艺术修养影响并推动了宋代文人士大夫艺术的发展方向。对于宫廷御用瓷器而言，宋徽宗提倡仿古、复古的态度和《宣和博古图录》的编撰确立了两宋宫廷御用瓷器的发展方向和高古典雅、古朴庄重的造型风格。

文人社会地位的空前提高使宋代士大夫的文化性格迥异于前代。宋代士人在积极参政的同时，仍能保持相对的独立与个性，能够以一种比较平静的心态对待世利功名。他们崇尚自我完善，重视人生修养，不追求绚丽华彩，而以平淡美为艺术的最高境界。同时，宋代文人士大夫面对世俗生活时又能够予以充分肯定，他们把美学的目光积极地投射在日常的生活器具上，尤其是他们十分钟爱的瓷器中。所以日常生活中的种种行为细节，"行住坐卧处、着衣吃饭时"无不体现着文人士大夫的情趣，他们的处世心态和生活追求影响并体现在两宋瓷器上面。他们虽然很难享受到宫廷御用瓷器，但由于御用瓷器从设计制作到烧造、遴选是由许多人共同来完成的，所以文人士大夫的审美趣味必然也会通过参与宫廷御用瓷器的遴选而投射在宫廷瓷器上。宋代官方陶瓷美学系统建立在宋文人士大夫生活强调收敛的精神之上,他们的审美意识进一步影响到宋代宫廷御用瓷器的釉色、造型、装饰等方面,形成宋代宫廷瓷器空灵挺秀、清丽淡雅、含蓄隽永的独特风格。

三、两宋宫廷瓷器的美学风格

1. 简约、纯粹的美

两宋宫廷的御用瓷器造型单纯、简练、求正不求奇,外形不张不弛,其比例、尺度均衡,器物表面不事雕琢,装饰简约、节制,追求温和典雅的色彩。可以说,两宋宫廷的御用瓷器在追求一种"不饰之饰"的简约、纯粹的美。官、汝、哥、均四大宫廷瓷窑于仿商、周、秦汉玉器、青铜器的典雅、古朴、庄重中最大限度地保持了造型整体的完美性。两宋宫廷瓷器上的弦纹、耳、铺首、足等附饰也皆简洁、雅致,从不喧宾夺主,经得起反复推敲。为什么这些看似简单的器物可以获得丰富的视觉观感,体现出纯粹的美感呢?首先这和精益求精的制作方法有关。因为宋宫廷的御用瓷器是宫廷使用,所以一方面要求取消所有瓷器制造者的个性痕迹,另一方面制作上不惜成本,精益求精。以汝瓷为例,为了使釉饰满器物全身,汝瓷的制作工匠们创造性地发明了支烧技术,即按照器物的大小在器底设置支钉,一般是3至5个,然后饰满釉支烧,烧成的瓷器只有三五个如芝麻大小的地方没有釉色,通体浸润似玉。汝瓷属于青瓷系,徽宗认为青色釉以"天青"为最佳,要求"东西窑务"的官员们"雨过天青云破处,这般颜色作将来"。汝窑的工匠们通过大量的尝试,最终烧出了仿佛被水刚洗过的天青色。为了获得满意的微透明效果,工匠们在釉里加入了大量的玛瑙末,从而使石灰釉变为石灰碱釉,釉的黏度提高,浓度也大为增强,因而挂釉肥厚,使汝瓷釉面具有更加丰厚的质感。釉层中含有的大量气泡与长石晶体使进入釉层的光线产生强烈的折射，故外表呈现玉一般含蓄的光泽，具有柔和、淡雅的效果，从而使汝瓷釉色提升到了一个新的境界。

宋宫廷的御用瓷器造型、色泽和装饰手法一反前人的习惯，不再追求外在物象的气势磅礴、雕匮满目和富丽堂皇，转而追求简约、纯粹的美。在器物审美层面，它们被要求体现的是对细腻情感体贴入微的辨察，关心的是心灵情境的幽深。我们可以从这些简约和单纯的瓷器上，体味到一种纯粹的审美，一种对尽善尽美的追求，这种美层次更丰富、更值得玩味，也更耐人寻味。

2. 开片和肌理美

官、汝、哥、均四大宫廷瓷窑的器物本质上属于单色釉系，而我国陶瓷发展向来注重装饰。从原始彩陶到唐三彩几乎没有例外，逐步积累起来的经验也非常丰富，刻画、彩绘、印花、描画、捏塑、粘贴、堆叠等等，装饰手法可谓丰富多彩。宋代宫廷瓷却摒弃了所有的装饰手法，它们放弃了装饰，于釉色本身里寻求丰富的视觉感受和审美体验。工匠们巧妙地利用了瓷器烧造过程中的一种特殊现象——开片，利用开片和肌理制造出更加有难度、更加少见的形式美感。

开片本是在瓷器烧制后冷却的过程中产生热胀冷缩，由于坯体和釉面膨胀系数不一，导致的釉面开裂现象，本来属于一种陶瓷烧造的工艺缺陷。但宋官窑瓷的制造者们却慧眼识珠，充分利用这一缺陷，化腐朽为神奇地开创了丰富的釉质肌理感。肌理一词，原指人的肌肤组织的形态特征，在美术学里，肌理一词用来特指材料的质感和纹理（包括视觉心理）。瓷器的肌理主要体现在釉的质地和纹理效果上。宋宫廷用瓷的肌理美，首先体现在釉面的开片上。宋瓷的开片犹如寒冬时节江河冰面开裂时的纹线，因而又被称之为冰裂纹，其开裂纹路有大有小，疏密交错，千变万化。凝神端详时，会发现它们和许多种生活中的自然现象非常相似，似冰裂、似蝉翅，又似枯树老枝……冰裂纹让人感到格外的清新和生动，增强了器物的生命感，也丰富了其美学体验。

宋人在玩味这些冰裂纹时，按照各种不同的特征赋予它们以美好的名称。按形状分，有鱼子纹、柳叶纹、百圾碎、蟹爪纹等；按颜色分，有鳝血丝、金丝铁线等。其中，哥窑的冰裂纹最为特殊，大开片中套小裂纹，紫黑色的大开片裂纹包围着金黄色小裂纹，被称为"金丝铁线"。

瓷器的肌理还体现在均瓷的蚯蚓走泥纹上，蚯蚓走泥纹指钧瓷釉层中，一条条曲折如蚯蚓走动的流动釉痕。这种釉痕是由于钧瓷釉层特别厚，釉层在干燥或初烧时发生干裂，后来在高温阶段又有釉流入填补而形成的。蚯蚓走泥纹把釉流动的节奏感非常好地表现了出来，结合钧瓷釉层丰富、深沉多变的色彩，极好地表现了釉汁的流动感和熔融感，变化莫测，引人入胜。这些人们不能完全控制的效果，本来是瓷器烧造过程中产生的瑕疵，但经过窑工们天才的把握后，反而彰显了材质之美，造就了非人工能够刻意描绘出的肌理，它们宛如从肥厚的釉质中生长出来一样，自然天成，既符合中国人崇尚自然，鄙薄雕琢伪饰的传统美学观念，也反映出两宋文人崇尚质朴无华，视平淡自然为艺术最高境界的美学追求。

3. 窑变和自然美

钧窑首创了窑变釉。"窑变"指瓷器在烧制过程中，由于窑内温度发生变化导致其表面釉色发生的不确定性自然变化，它们随火性幻化，天然而成。窑变釉为瓷器烧制开辟了一个新境界，钧瓷由于釉料里因含有不同的矿物质，烧成后会呈现不同的色彩，主要有天青、月白、海棠红、玫瑰紫四类。钧窑由于釉质很厚，窑变后的釉色并非某一种单一色彩，而是红里透紫、紫里藏青、青中寓白、白中泛红。艳丽的色彩渗化既自然，又对比强烈，恰似高山之雾霞、烟火满天，或如夕阳晚霞、秋云春花、夕阳紫岚。丰富多变的窑变釉妙在自然天成又绚丽之极，这种绚丽的美在观赏时很容易引起如同自然之美境的壮阔联想。

宋宫廷的御用瓷器简约、纯粹的美，和对肌理美的细腻把握折射出宋文人的处世心态与审美趋向，体现了"出水芙蓉"般的清雅趣味和对自然美的关注。追求平淡与自然是宋文人艺术观念中最普遍的一种理论自觉，所谓"发纤浓于简古，寄至味于淡泊"。宋文人追求历经绚烂华丽而后洗尽铅华的平淡纯真，在"虽为人工，宛如天作"的宋宫廷用瓷上反映得淋漓尽致。

两宋以后文人士大夫艺术迅速成为中国艺术的主流，崇尚天然真实，鄙薄雕琢伪饰的文人审美观和两宋宫廷御用瓷器的美学风格对后世器物产生了重要影响。唐代以前追求热烈华贵的器物美学逐渐被宋宫廷御用瓷器含蓄、沉静、温和、清逸、高雅的趣味所替代。这种把自然朴素之美作为理想之美的典范，追求浑然天成、天衣无缝的器物美学观对中华民族的审美意识和中国艺术的发展都产生了深远的影响，至今仍然散发着无尽的艺术魅力。

管仲"奢靡"消费观对当代设计的启示

管仲（公元前730—前645年），名夷吾，是我国春秋时期著名的政治家、思想家。曾为齐国相，辅佐齐桓公成为春秋五霸之一。其思想和政治主张集中地体现在《管子》一书中，该书虽为后人托名所作，但还是比较全面地反映了管仲的思想和主张，而其中有关奢靡消费的观点是该书最为独特的部分，时至今日仍具有重要的借鉴价值。

一、管仲奢靡消费观解读

奢侈是健康生活的腐化剂，对于奢侈之物无节制的追求似乎会导致人欲望的无限膨胀、进取心的衰退、道德的沦丧，甚至是人性的泯灭，故而有"夏桀残暴、商人因酒亡国"的历史教训。春秋时期伟大的思想家们清楚地看到了奢靡的负面作用，加之受当时低下的社会生产力发展水平制约，"黜奢崇俭"的消费文化观在该时期逐渐形成并且成为主流，影响了一代又一代的普通百姓，并且为历代大多数的思想家所推崇。而事实上，消费作为整个经济活动的一个环节，一味地强调节俭并不一定正确。时代在发展，经济情况在不断变化。管仲以更加宏观的视野看待消费行为，认为"奢则伤货，俭则伤事"（《管子·奢靡》），提出了奢俭并重的消费主张，其奢靡消费观的实际语意可以概括如下：

1. 主张富人奢靡消费是为了扩大就业机会、刺激经济发展

"富人不消费，穷人没机会"，这一西方格言准确地道出了消费和就业之间的密切关系，人类的经济活动通过生产、分配、交换和消费实现一种动态的平衡。其中生产对分配、交换和消费起着决定作用，反过来生产的产品只有通过分配和交换被消费掉，才能实现其最终价值，可见消费对生产也有调节和促进作用。仲管在齐国拜相之初，面对民生的凋敝提出了一系列促进经济发展的举措，三年制齐，使齐国经济发展到一个较高的水平，出现了局部过剩的情况。为了进一步刺激经济发展，他提出了"兴时化若何，莫善于奢靡"（《管子·奢靡》）的特殊消费主张。在管仲看来，社会财富的过度集中会严重影响国家的安定。管子奢靡观实际上包含两层意思：其一是在老百姓之间往来时，提倡作为媒介的物质应该丰富一些，并且逐渐形成礼尚往来的"众约"。"一亲来，一亲往"其实质是物品的等价交换，其目的是促进民间的物资交流，进而促进消费。其二是"富者靡之，贫者为之"（《管子·奢靡》），他号召君主、统治阶级上层和巨商富贾"高消费"。只有积财者大量消费才能带动生产，使老百姓有事情可做，增加他们的收入，实现共同富裕和社会的进步。"巨瘗培，所以使贫民也；美垄墓，所以使文萌也；巨棺椁，所以起木工也；多衣裳，所以起女工也。"只有共同富裕才能达到"仓廪实而知礼节，衣食足而知荣辱"（《管子·牧民》）的理想社会状态。

管仲奢靡消费观中实际上并不存在物质浪费的含义。我国春秋时期，一般以农业为本，工商业为末，因此，工商业也有奢靡业的别称。奢靡消费实际上主要指对手工业产品的消费，木器雕镂、布帛文绣、金铜铸造、玉石琢磨才是当时的奢靡之物，它们之所以奢靡主要是因为其中凝聚了大量的人的劳动。管仲的奢靡论实际上是一种以高端消费促进生产的理论。应该说，早在两千多年前，管仲就能敏锐地发现生产与消费之间这种"其

化如神"的关系，并适时提出扩大消费以促进生产和就业的正确主张，确实是难能可贵的。

2. 奢靡消费的前提条件是度爵而制服，量禄而用财

失去了民心就失去了天下，"求天下始于爱民"。爱民是管仲的基本思想之一，爱民的前提要顺从民意，"民恶忧劳，我佚乐之"（《管子·牧民》）。爱民的根本是富民，要"实其仓廪，足其衣食"，保障他们基本的生活需要。春秋时期，经济的发达程度尚不足以提供全民以奢靡的生活，只能满足部分人的高消费需求，所以管仲十分重视结合礼教的消费制度建设。由于统治阶级的消费行为带有风向标的作用，往往会引起其他阶层人士的仿效，因此，统治阶级的奢靡也不是无限制的，应该有一定规范来制约，"度爵而制服，量禄而用财，饮食有量，衣服有制，宫室有度"（《管子·立政》）是这一规范的立足点，要求统治阶级量入为出消费的同时，也不能因为满足自己的不良消费心理而夺了农时，耽误了生产。

管仲反对越级消费，反对消费攀比心理。认为普通老百姓的消费要以满足实际需要为前提，越级消费和攀比心理会带来民生问题。"今工以巧矣，而民不足于备用者，其悦在玩好。农以劳矣，而天下饥者，其悦在珍怪。女以巧矣，而天下寒者，其悦在文绣。"（《管子·五辅》）可见，管仲的奢靡消费理论针对的只是一部分人，君主、统治阶级上层和巨商富贾奢靡消费者各有规范，普通百姓要安其居、乐其业、好其俗，使他们衣食无忧，这是管仲的消费层次论的核心。那么，怎么样才能达到这一境界呢？管仲甚至为各阶层人士开出了消费清单，"故天子藏珠玉，诸侯藏金石，大夫蓄狗马，百姓藏布帛。不然，强者能守之，智者能牧之……均之始也"（《管子·奢靡》）。可见他倡导的奢靡消费观是有层次和限制的，主要目的是实现生活必需品的均衡分配，以保障民生为前提。

3. 奢靡消费观关照了人的精神需求

管子的消费思想及主张以富国强民为前提，并统一在其哲学关照之

中。在管仲看来，人生来就有欲望，欲望随着社会地位、时间、环境习俗的变迁而变化。欲望本身不是坏事，治民如同治水，通过政策引导使民众的欲求得到满足之后，他们就可以为国家所用。"从其四欲，则远者自来"（《管子·牧民》）。那么，温饱之后人又在追求什么？答案就在精神层面，要治理好国家就必须关注并尽可能地满足大多数人的欲望，既要关注贫民的物质需求，又要关注富有者的心里需要。

"贱有实，敬无用"（《管子·侈靡》），是最理想而又能够兼顾的消费引导策略。黄金、珠玉在春秋时期除了装饰作用外并无实际用处，它们因为稀有、美观而且变化如神才被大家公认为珍贵，有奢富的象征内涵，具备特殊的"符号学"概念。面对大量的社会财富被少数人所占有的社会现实，管仲提出"贱粟米而如敬珠玉，好礼乐而如贱事业"（《管子·侈靡》）的新型消费引导思想，即使在今天看来也具备相当的前瞻性。因为它以珠玉、金石、狗马这些与生活必需品无关的奢靡符号代替了实用物资，既实现了有用之物的流通和正常消费，又满足了富有之人奢靡的高端消费欲望；既促进了经济的健康发展，又实现了更大范围的消费心理关照。

二、奢靡消费观对当代设计的启示

事实上，《管子》的奢靡论并不是只单纯地谈论社会经济和消费问题，管仲将它视为一项治国的政策和方略。奢靡论是为富国强兵、和谐发展出谋划策提供理论依据的。他认为，治国最为宝贵的是"因时而动，因俗而易"，即要遵循天地的规律，随机应变，又要顺应时代发展变化的要求。可见，管子所倡导的侈靡消费论是涵盖在其"天人相调"的朴素生态伦理之下的，对生产力高度发达、物质无限丰富的当下社会之艺术设计活动无疑具有巨大的启示作用。

1. 当代设计应该着重研究如何摆脱高端消费品的材料依赖，变无用为奢靡

管仲所言的奢靡之物，在今天我们可以用高端消费品一词予以取代。也就是虽然于基本生活保障无关紧要，却能够满足人们对高品质生活的欲求，价值与质量关系比值极高的商品。通常人们会认为材料的稀缺性和贵重性与高端消费品密切相关，但实际上美学品质和文化内涵才是一件物品是否称得上高端消费品的决定性因素。意大利著名的厨房桌面用品生产企业，设计工厂"阿莱西"（Alessi）可以把普通的不锈钢和聚乙烯材料变成一件件精美的艺术品，也有蹩脚的设计师把昂贵、稀有的材料堆积成廉价的商品。好的设计就是好的交易，因为好的设计可以提升产品附加值，提高文化认同感。

当代高端消费品设计应该尽可能地摆脱对贵重和稀有材料的依赖，以"贱有实，敬无用"为出发点，在设计上下功夫，在制作上做文章，减少材料浪费，为实现可持续发展作出贡献。要真正使普通材料变成高端消费品，首先要提高设计的美学品质和制作的技术水准。在新石器时代，先民使用随手可得的黏土，凭借简单的工具和一两种矿物颜料制作了丰富多样、华丽美观的彩陶；秦汉时期，工匠们赋予一砖一瓦以生命和灵性；宋朝青瓷的沉静素雅或元代青花瓷的单纯绚丽……这些杰出的造物，哪一类离开了匠心独运的设计？哪一件又离开了精益求精的制作？设计和制作是决定器物品质的根本，只有在这两个环节上多下功夫才能够造就优秀的高端消费品。此外，通过再设计也可以变无用为奢靡。过时的或许还可以前卫，破旧的也许会重新焕发新的生机，千万别急于否定，通过认真研究和再设计，许多不起眼的古旧之物被成功改造了。北京798工厂可以变成当代著名的艺术园区，中山歧江公园旧船坞可以被改造为壮丽的现代景观，毕加索把废旧的自行车部件成功地塑造成雕塑《牛》，都是成功的例子。

2. 当代设计应该重视手工艺制作

手工艺制品和高端消费之间存在着千丝万缕的联系，这主要是因为，一方面手工艺制品不能批量化生产，具备独特性和唯一性，可以更好地彰显拥有者的个性和品位；另一方面手工艺制品凝结的劳动力因素要远大于工业批量化产品，物质消耗相差无几而综合成本更高。西方工艺美术运动和新艺术运动已经为此提供了大量的完美例证。

管仲奢靡思想的核心是扩大就业机会，促进实现共同富裕。那么，在机器剥夺了许多人的劳动机会，社会生产过剩，浪费和污染极其严重的今天，我们还在期望"有计划的废止制"和"用后即弃"来解决生产过剩和消费滞后的矛盾吗？其实，影响当代经济发展的根本原因不是简单的产品过剩，真实的情况是低品质产品严重过剩，高品质物品却太少。中国经过了两千多年漫长的封建社会洗礼，在自给自足的经济形态和慢条斯理的生活节奏里积淀了许多优秀、独特的手工艺传统，其中也潜在着大量的生态因素。我们可以通过设计，在一些消费品制作过程中适当地融合进手工艺，同时尽可能地延长消费品的使用寿命，以提高物品的美学品质和文化含义，促进当代物品消费良性循环。比如服装设计，可以利用传统的蜡染或扎染等工艺，选择传统工艺使用的无害的植物染料，来制作个性化产品，也可以利用现代工业设备开发新的手工艺，比如丝网印刷和机器雕花工艺。只要我们重视设计，完全可以制作出完美的个性化物品，满足高端消费需求，从而推动社会和谐发展。

3. 当代设计应该更多地关注非物质消费

中国古代的士大夫们经常依托文房雅玩或品茗熏香将消费和心境体验紧密地结合在一起，体现了消费的非物质性。其实，高端消费历来都更加强调精神的满足，非物质消费对推动当今经济发展之作用越来越突出，包含的范围也越来越广泛。以休闲之名形成一个以旅游业、服务业、娱乐业、文化创意产业为龙头的庞大经济形态和产业体系，将设计研究的重点推向这一领域可以扩大就业机会、带动经济发展的同时减少物质的支出，其意义深远。

目前，上述领域的现状并不理想，存在很多问题。比如，旅游业演变成长途集会和购物狂欢，娱乐业演化成偶像崇拜和感官刺激，服务业唯利是图，它们集体流淌着拜金的血液，进一步发酵着人们的物质欲望。非物质消费应该依托设计寻找和发现各种人群精神满足的那个特殊点，引导他们体验自得其乐，寻找内心的宁静平和的具体方式，从而真正实现对物质的超越。

设计在重视高端消费时，应该以实现可持续发展这一大目标为前提，通过设计改变人们的消费观念，进而改造人们的生活方式，实现人与环境、人与社会、人与人之间的和谐，最终改变社会。

参考文献

[1] 张力. 管仲评传 [M]. 成都：四川大学出版社，2005.

[2] 李山. 管子 [M]. 北京：中华书局，2009.

[3] 赵守正. 管子经济思想研究 [M]. 上海：上海古籍出版社，1989.

[4] 许平，潘琳. 绿色设计 [M]. 南京：江苏美术出版社，2001.

[5] 郭廉夫，毛延亨编著. 中国设计理论辑要 [M]. 南京：江苏美术出版社，2008.

浅谈西北地区剪纸艺术高度发达的原因[1]

剪纸艺术在我国有着悠久的历史。迄今所见,中国历史上最早的剪纸是"在新疆发掘的北朝和隋唐墓葬中出土的对鹿、对猴等七幅团花"[2],从辐射式折叠剪纸的方式来看,这些作品已经相当成熟。而实际上,剪纸产生的年代可能要远早于此。宋人高承所著的《事物纪原》一书中曾记载,汉武帝对死去的李夫人思念不已,曾命方士以纸剪做影人招魂,以解相思之苦。因此,一般认为剪纸在我国最早出现于西汉时期。

剪纸的分布地区十分广泛,遍布中国各地。而由于民间风俗的差异以及对剪纸艺术功用需求的不同,在风格和表现手法上各个地区又有所差异。比如,西南地区以彝族为代表的少数民族剪纸注重图案与样式,带有典型的几何化装饰风格;江浙地区的剪纸则主要围绕赛龙舟与竞花灯等民俗活动展开,追求图案的精细和完美,显得精致华丽;山东地区的剪纸受多种艺术样式影响,融入历史题材和民间故事,具有很强的图解性;而最为著名的则是西北地区的剪纸,这种扎根于黄土文化的单纯的艺术样式经历千余年而不衰,所涉及的题材和功用范围都异常广泛,作品既注重形式,更重视创作个体思想感情的表达。就艺术性而言,西北地区剪纸在全

---

[1] 原文发表于《天水师范学院学报》2012年第6期。
[2] 秦石蛟. 民间剪纸图形[M]. 长沙:湖南美术出版社,2000:3.

国各地的剪纸中是水平最高的，也是我国最具代表性的民间艺术。

西北地区剪纸之所以能具有如此高的艺术水准得益于广泛的群众基础和悠久的民间剪纸传统，而这种广泛的群众基础和悠久的剪纸传统却是和该地区封闭的自然环境、欠发达的农耕经济、窑洞为主的居住条件以及古老的民风、民俗密不可分的。

一、地域环境和农耕经济是西北剪纸艺术高度发达的核心因素

从分布状况看，西北地区的剪纸艺术主要依托黄土高原展开，以黄土最为丰厚的甘肃东部与陕西北部为中心。黄土高原自古干旱少雨，植被覆盖率低下，严重的水土流失现象将黄土高原分割得支离破碎，形成了沟壑纵横的特殊地貌。这一特殊地貌造成了交通上的严重不便，使该地区长期处于相对封闭的状况，既阻隔了信息的交流与传递，也阻碍了物质的交换与贸易的发展。因此，千百年来这一地区一直以农耕经济为主，但由于经常性的干旱少雨，植被稀少，黄土高原的农耕经济极不稳定，一直处于靠天吃饭的窘境里，贫穷是黄土高原民众生活的主要特征。

剪纸艺术以廉价的彩纸为材料，以日常生活中必需的剪刀为工具，制作成本极其低廉。这种廉价的艺术形式与西北地区的贫穷恰如其分地对接，这是剪纸得以广泛地流行于西北民间并世代延续、不断发展深化的根本原因。因为，在经济比较发达，自然条件相对优越的地方，剪纸这一平面艺术形态会被更多的较为贵重的材料所替代，其作用会被稀释，绝对没陇东和陕北那样的普及和重要了。剪纸艺术制作工具、材料的廉价性和易得性，使其成为承载西北地区民间艺人手工艺的最主要载体。

黄土高原由于植被覆盖率的低下，黄土较多地裸露在外，一年四季的色彩都十分单调，体现出一种苍凉、沉郁的美学品格。黄土的强直立性使造价低廉的窑洞成为这一地区民居的主要形式。俭朴的生活，单调的自然景观，简单的甚至有些简陋的建筑样式使居住在黄土高原上的人们对美和装饰有着更强烈的心理需求。众所周知，追求视觉感官上的丰富和变化是人所共有的心理本能，这种本能性需要与现实情况形成强烈反差，使得他们对日常生活中的一些简单的事情投入巨大的热情和精力，这一点体现在其重节庆、重民俗的群体性娱乐活动中，也体现在家庭和生命个体的生活细节里。

黄土高原上窑洞按照不同形制可以简单地划分为靠山窑、平地砌窑和地坑窑三种样式。它们共同的特征是三面为封闭的实体，只有一面与外界相通，高大的门窗被安置在这一面，并经常占满整个墙面，它是窑洞自然采光的唯一来源，也是建筑装饰的主要对象。冬暖夏凉的窑洞虽然具备许多实用性优点，但是从美感上讲仍然相对粗糙而且过于质朴，加之建造时出于经济和节约的目的，窑洞院落的墙体大都比较低矮，甚至有的院落根本就没有围墙，非常需要点缀物来美化，剪纸顺理成章地承担了这一重要任务。一般情况下，窗花、过门笺都被贴在门窗的外面，成为建筑外观的重要补充和生活朝气的象征。这些窗花、门笺等装饰在远看时必须强烈，拥有夺目的视觉效果，它们往往具有鲜艳的色彩和整体大气的造型式样。强烈、充满张力是这类剪纸所共有的特征。窑洞内部张贴的剪纸以土炕为中心，炕窑花、墙围花、窑顶花、箱柜花、粮囤花、灯笼花、吊帘花……围绕在土炕的四周，把简陋的窑洞幻化成美丽的殿堂。居室内的剪纸因为要近距离观察所以一定要耐看，要经得起体味和阅读，意趣便成为首要评价标准。远看夺目与近看求趣的品评标准，使西北剪纸体现出视觉上完整、饱满而又意趣天成的艺术特色。至于线条的细致或粗放则更多的是随兴而发，完全是个人审美喜好的体现。在陇东和陕北，室内剪纸水平的高低以及剪纸与环境搭配的和谐程度往往会被看作是主人持家能力的重要评价因素，也是主人生活态度的集中体现。因此，"家家贴花花，户户有剪纸"使得西北地区的剪纸艺术代代相传，历久不衰。

二、劳动妇女是西北剪纸艺术薪火相传不断发展的重要原因

一般而言，剪纸艺术的从事者以妇女为主体。作为一门手艺活，在大多数地区剪纸是少数心灵手巧者的专利，但是在西北，剪纸则是妇女必须掌握的技艺，陇东和陕北更是把剪纸水平作为评价妇女才干甚至是文化教养的重要依据，从"生小子要好的，生女子牡丹石榴冒铰的"这一陕北俗语中我们可以窥见剪纸技艺之于当地妇女的重要意义。因为，落后的经济制约着教育的规模和水平，加上男尊女卑的封建思想，新中国成立前，那里的女性基本上没有接触正规教育的机会，"上炕剪刀下炕镰"是对女性的现实要求。传统上对女孩子的教育以女工为基本内容，以母女、邻里相授为方式，"她们一代一代自小从妈妈、奶奶手里接过剪刀，学着用油灯熏底样，学铰窗花，她们生来就泡在剪纸的海洋里，耳濡目染，代代相承"①。剪纸图案所涉及的历史故事、民俗常识、巫术观念、生活技能几乎成为她们接受教育的全部文化内容。

经济的欠发达带来邻里之间更加频繁的交往，剪纸手艺高超的婆姨们不仅能帮四邻右舍完成一些有难度的花花样样，甚至可以从这种互帮互助的纯朴交往中获得一些物质作为回馈。但是，长久的封闭状态引发思想保守且根深蒂固，总体而言妇女的社会地位很低下，即便是这些心灵手巧又能贴补家用的剪纸能手也不会摆脱这一整体性宿命。她们不仅要遵从天命安于贫困，更要坚守妇道唯夫命是从，在贫瘠与困顿交错的生活中煎熬。剪纸是她们释放心理压力，表达美好愿望的有效方式，从而成为一种自觉的创造性活动。她们以直觉的方式自然而然地把心理感受融化在作品中，剪纸时往往是因情而发，将自己对悲苦命运的不满和对美好生活的向往抒

---

① 邓福星. 中国民间美术全集（剪纸卷）[M]. 济南：山东教育出版社，1993：7.

写其中，以求生命的坚忍执着与心灵信念的饱满。

西北民间剪纸艺术，最大的特点便是从形式到内容都带有很强的写意表现因素。这些并没有多少知识和文化的乡村妇女，出于对生活的热爱，熟悉身边事物的每一个细节。由于从小就学习剪纸技艺，熟能生巧，铰花样时经常不起稿也不依样，兴之所至，随意剪来，却能直接地表达她们的思想情感和审美趣味，将生活体验融入各种题材的剪纸实践中，使得作品充满精神张力。"一剪一铰之中，充满着对自然与生命的礼赞，充满着品味人生的快乐。"① 这种情感与思想艺术化的表达过程可以使她们的快乐因传递而加强，悲切因释放而减弱，她们最根本的创作动力是"必须和热爱"，虽然她们没有将自己的行为和艺术联系在一起，却创造了连艺术家都心悦诚服的作品。从创造方式看，她们的剪纸作品已经达到了艺术创造中自觉和自为的高境界。

三、巫术观念和民间习俗是西北剪纸艺术持续发展的内在动力

概括而言，剪纸"其功能除了装饰作用不外两个最基本的方面，一是满足功利性的心理需求，二是满足非功利性的精神需要。功利性的心理需求主要表现在祈福辟邪、送病療疴、扫天止雨等方面"②。这类剪纸夹杂着浓厚的巫术成分，作用更多的是带给人以某种精神方面的启示和慰藉。巫术活动起源于人类童年，巫术活动中所伴随的强烈的情感，需要通过动作、声音、器具、形象等形式载体表现出来。因而，巫术说也成为艺术起源的种种学说中影响较大的一支。

西北地区是中国文化的重要发祥地，数量庞大的史前遗迹和各种出土文物充分说明，文明的曙光首先照耀在黄土丰厚的泾河、渭河流域。而新

---

① 许平. 视野与边界 [M]. 南京：江苏美术出版社，2004：239.
② 邓福星. 中国民间美术全集（剪纸卷）[M]. 济南：山东教育出版社，1993：7.

石器时代正好是巫术活动最繁荣的时期。长久的封闭状态有利于各种古文化及其相关民俗的保留和延续,考察西北剪纸的图式,会发现其中保留了大量的远古文化信息。仰韶文化彩陶上的鱼、鸟、蛙等图形与西北剪纸中的完全相同。"1973年青海大通上孙家寨出土的舞蹈纹盆,上面绘画的手拉手舞蹈的人物形象不正是西北剪纸中抓髻娃娃的原形么?"[①] 西北地区生态的脆弱,经济的落后和卫生医疗水平的低下导致人们在自然灾害、疾病面前习惯性地把希望寄托在某种超自然的力量上,巫术所必需的形式要素成为剪纸艺术持续发展的内在动力。这类剪纸题材与图案都有较强的历史延续性,祈福避祸的剪纸含有图腾崇拜的内容,喜花则充满了生殖崇拜的观念。图形语义的原始性与古老性使这些剪纸充满神秘色彩和观念性。为此类剪纸平添几分只可意会而不可言传的神奇魅力。(图52、53、54)

图52　祁秀梅剪的喜花,图式保留了大量的远古文化信息和巫术观念

---

① 靳之林. 抓髻娃娃[M]. 南宁:广西师范大学出版社,2001:147.

图 53　西北剪纸的图式保留了大量的远古文化信息

图 54　表现现实生活的剪纸中也保留了大量的远古文化信息

相对封闭的环境，使长期生存在沟谷村野的乡民们沉浸在自己创造的艺术氛围之中，"形成了一个保存完好的传统民俗空间"，传统民间剪纸得以完整地保持和传承。大量的剪纸题材与当地丰富多彩的民俗活动密切相关，比如，老百姓春节时贴窗花，结婚喜庆之日贴喜花，馈送的礼品上贴礼花，祝寿时寿礼上要贴寿花。丧葬之机，更是不论穷富都要做纸活，并用剪纸来装饰。元宵节剪灯花，正月二十三燎疳节，剪燎疳娃娃、金牛……年年相承，代代相传，剪纸有稳定展示的时空舞台，形成定格。而且随着时代的变迁所形成的新民俗又促成了民间剪纸艺术的不断发展。

　　西北剪纸艺术的发生与发展有着深刻的社会学原因，不是几千字就能道明的，然而可以确定的是地理环境因素导致的贫穷，民众生活的艰辛与困顿是促使其美丽绽放的最核心因素。

陇东皮影的艺术特色[①]

"土窑纸亮牛皮人，油灯熏染一生情。梦里字腔犹酣畅，黄沙飞逝影魂吟……"这是一首流传在西北民间赞颂皮影戏的诗歌。陇东地区俗称皮影为牛皮娃娃，因在灯光照射下隔亮布而演又名灯影子，是我国民间广为流传的傀儡戏之一。宋人高承在《事物纪原》中指出，"言影戏之源，出于汉武帝李夫人之亡。齐人少翁言能致其魂，上念夫人甚，无已，乃使致之。少翁夜为方帷，张灯烛，使帝他坐，自帷中望之，仿佛夫人像也，盖不得就视之，由是世间有影戏"。可见流传于民间的"皮影戏始于汉，兴于唐，盛于宋"并认为皮影发源于陕西之说是有一定依据的。

古老的陕西皮影随着时间的推移传播向四面八方。清初，从陕西的大荔、华县经咸阳、彬县、长武向西传入甘肃，并逐渐演变成以后著名的陇东皮影。陇东一般指位于甘肃省最东部，地处陕甘宁三省区交汇地带的庆阳市和平凉市两地区，是黄土高原的中心区，也是华夏民族农耕文化的发祥地和黄河文明的发源地之一，历史悠久，文化源远流长。由于其环境相对封闭，民俗传统较少受外来因素的冲击，民俗文化独树一帜，剪纸、道情和民歌非常发达。陇东皮影在这种民俗

[①] 原文发表于《美与时代·美术学刊》2012年第6期。

文化优秀基因的熏陶下，广泛地吸收了民间剪纸、寺院雕塑、宗教绘画以及地方戏剧等多种艺术形式的长处，迅速发展完善，具有完美的造型原则和独特的造型风格，其造型艺术特色可以概括如下：（图55、56、57、58）

图55　陇东皮影人物头茬一（清代）　　图56　陇东皮影人物头茬二（清代）

图57　陇东皮影中龙王的头茬（清代）　　图58　陇东皮影人物（清代）

一、造型古朴、夸张，传承着古老的造型观念

陇东皮影表演曲目以道情（道教文化的俗曲）为主。其内容贯穿了"道、儒、佛"三教因果报应、惩恶扬善、教化民众的思想，并与当地人们的习俗相交融，是敬神娱人的代表性演艺形式。为了配合表演，陇东皮影造型充满了古老巫术艺术的神秘性和神仙故事的夸张性，皮影样式多是根据直觉、意念和幻想对影人进行主观夸张和变形。因此，陇东皮影充满了想象因素和对远古的追思，造型古朴、夸张，华丽中体现出严整和肃穆，精致里透露着豪迈和大气。其中最具代表性的当属于神怪皮影（神怪皮影流行于明清至新中国成立前，以远古传说、神话、志怪为主要内容，包括吉祥辟邪皮影、精妖水怪皮影等），人物形象生动鲜活，各具特点。远古神话传说中的天神、地鬼、图腾、灵物、猛将、侠客、鱼鳖海怪、飞禽走兽。他们或三头六臂、或人兽一身，猛兽和人物杂处，水火同时共生。这种幻象文化心理下创造的皮影艺术形式，造型手法大胆、夸张，体现着皮影艺人丰沛的艺术想象力，传承着古老的审美情趣和造型观念。

水陆道场皮影是陇东皮影中较为独特的一类，陇东地区在举行水陆法会（为了超度水陆空三界亡灵而举行的法会，称作水陆空法会。因在三界中，以水陆二界众生最为痛苦，所以又简称"水陆法会"，全称"法界圣凡水陆普度大斋胜会"）时，总会悬挂众多的皮影佛像、菩萨像、天王像、明王像用来配合宣讲，展示他们救苦救难的法力。同时，为了更好地表现诸神生活的天界，皮影中有大量的云朵子和皮影大片（以大殿屋宇、车马仪仗和山石花木为主），它们个个细腻优美、高古飘逸，传承了古老文化，同时，大胆地创新了舞台装饰，增加了皮影戏表演的艺术魅力。

二、刻工精细，造型优美

陇东皮影的制作方法和陕西东路皮影一脉相承，大多采用"立刀推皮法"（即一只手持刀立于形体线刻绘处，另一只手推动皮革运转而刻，刀不动而皮革走动），因此，刻痕清晰流畅，特别是弯曲处，更显精致，刻出的线条匀细有力、生动优美。同时，陇东皮影的雕刻线种类也非常丰富，除有虚实之分外，还有暗线、绘线之分。虚线为阴刻，即镂空形体线；暗线用刀划线而不透皮却留刀痕；绘线是以笔着色画成。暗线和绘线足以表现细节和精细的物体，一个皮影上经常是多种刻法并存，所以陇东皮影刻工精细足以体现造型之美。陇东皮影形象以传统民俗绘画为基础，积极吸收了寺院雕塑、水陆壁画、民间剪纸、画像石、画像砖之手法与风格，同时又不否定再现和写实，积极地把艺术想象和情感体验融汇在审美表现和艺术造型之中，既是"以形写神"，又是"外师造化"的产物。形象丰富多变，造型优美，是民间美术天才创造的造型艺术的代表。

陇东皮影是平面化的造型艺术，但是为了加强人物形象的艺术表现力，多采用富有立体感的多角度观察和分层次表现的造型手法。故而在一个影人身上融汇了从多种角度观察到的造型。头茬（指影人的头部造型，包括脸谱和冠饰两个部分），从其外轮廓来看，一般是正侧面，五官部分的嘴和鼻子也是正侧面，而眼睛和眉毛却是正面造型，头饰界于正视和侧视之间（一般情况下是三分之二侧面）。在身段的造型上，这种多角度观察和分层次表现的造型手法更加明显，自领口向下到腰部、腿部一直到脚底，视点经常处于移动和变化之中。这种造型特点也同样存在于云朵子、皮影大片和道具上。所以在同一件皮影的艺术造型中，会出现正视、侧视、俯视、仰视等多种观看角度，综合表现，产生丰富的空间体验感，弥补了皮影剪影造型的单调和不足，增加了表现力，迎合了表演的需求。

三、色彩浓艳、图案古雅，富有装饰趣味

陇东皮影的着色，以红、黄、蓝、绿、黑五种颜色为主，多采用中国民间年画的浓墨重彩的着色方法，以平涂和单色分填为主，对比强烈、浓重艳丽。但是，分填、点染时又十分注意色彩的浓淡含露之变化，同一色彩往往包含几个不同的层次，变化微妙，效果异常绚烂。为了准确揭示人物的个性特征，人物面部色彩的运用有固定的程式，不同色彩标志着不同性格，一般是黑代表忠、红代表烈、花代表勇、白代表奸，且表现大胆、夸张。这种用色方式不仅准确地揭示了人物的个性特征，同时，提高了皮影的视觉表现力。

陇东皮影人物造型以镂空为主，在轮廓内适当留实，繁简得宜、虚实相生，整体效果繁丽而不拖沓，简练而不空洞，桌椅道具花纹繁密，在人物、道具、配景的各个部位，常常借用西北民间常见的剪纸图案进行装饰，如花卉草木、飞鸟动物、漩水云雷等纹样经常出现在皮影身段的造型上，在准确的外形轮廓里留实部分和空白之处交相辉映、错落有致，丰富了视觉美感，给人一种饱满、向外辐射的感觉。陇东皮影的镂空图案，还有半月形纹、圆点纹、锯齿纹、短线纹、条状纹等几何图形。它们不仅用在结构线上，还以主要纹样或中心纹样的方式出现，用来组织整个图案结构。这些几何图形经常根据具体情况之需要做长短、宽窄、曲直的变化，并且以群组的方式出现形成韵律感，使皮影更加华美，体现出人物服饰的飘逸素雅、布景道具的柔和协调。也有一部分皮影的图案运用大胆而随意，粗犷大气，风格独特，具有浓郁的地方民间装饰特色。

四、乡土气息浓烈，体现了造型形式和表演内容的美学和谐

长期以来，皮影戏一直为陇东人所喜闻乐见，与人民群众生活息息相

关。对于陶冶人们的情操，匡正社会的风气，"成教化，易风俗"发挥着不可估量的社会作用。陇东影戏涉及题材有远古传说、神话寓言、历史演义、武侠传奇、爱情故事、百姓日常生活趣事等，可谓人间万象无所不有。折子戏、单本戏和连本戏种类繁多，表演剧目更是数不胜数。常见的传统剧有西厢记、拾玉镯、秦香莲、白蛇传、牛郎织女、封神榜、西游记、三国演义、杨家将、岳飞传、水浒传等等，都与当地人民的习俗信仰水乳交融，几百年来陇东皮影已经深深地打上了地域的烙印和浓烈的乡土气息。

为了配合表演，陇东皮影在艺术式样上下足了功夫，主要表现为形式种类较为繁多，除了影人和道具之外，雕刻精美的云朵子、兽战皮影、车马仪仗和皮影大片所占比例十分高，为表演营造了完美的气氛，使之获得更加完美的视觉效果。另外，单就人物而言，形象也非常之多，据不完全统计，陇东皮影仅头部造型就有千余种，蔚为壮观。另外，陇东皮影的刻制原料也十分讲究，要求以刚刚成年毛色发黑的公牛皮来制作，这种牛皮经过加工，薄厚适中，质地坚韧，皮色透亮。整个的制作工艺规范，非常严谨，每道工序都毫不马虎。精挑细选的材料，严谨的制作工艺，流畅的刻工，精美的造型，鲜艳的色彩，古雅的图案，人民群众的热爱，加之陇东优秀的民俗环境和氛围，使得陇东皮影体现出造型形式和表演内容高度的美学和谐。

皮影和剪纸同出一源，在不同的功用范围中成长，而它们又时刻相互影响着，某种意义上讲是优秀的陇东剪纸和发达的道教文化以及古老、优秀的民俗环境促进了陇东皮影的快速发展和成熟，它以开放的姿态多方面地继承了中国民间美术的优良传统，文化底蕴十分丰富，是中国皮影的杰出代表。同时，陇东皮影具备许多古老的文化符号，传承着古老的审美情趣和造型观念，有极高的艺术价值和学术研究价值。

参考文献

[1] 王光普,张莉. 北豳神怪皮影[M]. 兰州:甘肃人民美术出版社,2002.

[2] 刘季霖. 中国皮影戏[M]. 北京:朝华出版社,1988.

[3] 唐文标. 中国古代戏剧史[M]. 北京:中国戏剧出版社,1985.

[4] 王茂生. 咸阳皮影[M]. 西安:陕西人民美术出版社,1984.

波普设计和设计伦理

设计是工业化促生的产物。在工业革命之前，产品都以单件手工加工的方式进行生产，手工艺人从头至尾掌握着物品生产的全部流程。设计，这一造物活动的规划、预想阶段被熟练的技艺压缩成经验和判断力，工艺技术决定着造物的质量。因此，我们把既有实用功能，又有一定的观赏价值的物品称为工艺美术品，把制造此类物品的活动称为工艺美术活动。自工业革命开始，机械化大工业生产日益成为时代的潮流，产品被批量化加工的同时促生了造物活动的预想、规划阶段和实际制作过程逐渐分离，一批拥有美术背景的专业人士参与到造物活动之中，他们描绘预想图，设计装饰方案，通过他们的努力，艺术设计得以从造物活动中清晰地分离出来，逐渐成为一个独立的行业。设计者不再是拥有手工技艺的生产者，设计者提供的更多的是与造型、图案、花纹相关的智力服务和美学判断。艺术设计伴随着工业化的进程在设计师和美术家的参与下发展壮大。

从工艺美术运动开始至波普运动之前，艺术设计的历史都可以看成是机械大工业化生产和美学相结合的历史。现代设计在功能至上、理性主义的康庄大道上健康发展，现代设计以节制、理性、适宜、简洁的产品观服务着社会生活，影响着人们的行为方式。然而，至20世纪50年代末起，波普运动出现，波普设计和随后出现的激进设计运动成为设计发展史上的转折点，现代主义设计建立的原则和教条被不断颠覆。

波普一词是英语单词 popular 的缩写形式，其含意直译为流行的、大众化的。作为一种艺术形式，波普设计于 1954 年起源于英国，波及艺术的各个领域。波普设计主要以英国和美国为中心，以大众商业文化为基本特色，它代表着 20 世纪 60 年代设计追求形式上的异化及娱乐化的表现主义倾向。

一、波普设计产生的条件

20 世纪 50 年代末期，经历了第二次世界大战之后十余年的努力，西方发达国家经济建设的成效逐渐显现了出来。以美国和英国为首的资本主义国家经济繁荣、物质丰裕，家用电器普及，城市化进程迅速，高速公路发达，汽车进入普通百姓家庭，国家整体进入一个高消费的时代。在这种经济背景下，普通劳动者因经济实力的增长第一次得以取得消费的自主权和选择权，并有机会在消费中表达他们的审美情趣。他们喜欢夸张的造型和艳俗的色彩，受大众消费趣味影响，追求品位和格调的现代设计美学观遭遇到重大挑战，设计开始向大众趣味靠拢，并从大众文化中吸收积极因素。波普设计从形式上来看，丰富、多元、草率；从色彩上来看，夸张、艳丽、搭配超前；从材料上看，广泛、廉价。这些都和追求大众化的美学趣味关系密切。

波普艺术的风行与当时年轻一代的成长密不可分。年轻人历来是消费的主力军，他们的消费观向来具有巨大的社会影响力。"二战"后出生的新一代，正是波普运动的主力军，他们成长于逐渐复苏的经济环境之中，大多数接受过良好的教育，他们更易于接受新鲜的事物，同时又具备独立的价值观念和独特的审美取向，迥然不同于老一代的消费趣味。他们热衷于摇滚乐和好莱坞的电影、牛仔服、汽车、摩托车、晶体管收音机、广告和漫画等，他们的消费趣味借助发达的大众传媒迅速流行，体现出工业化批量生产，低成本、新奇和性感的特征。

正如波普画家理查德·汉密尔顿的画作题目《是什么使今天的家庭生活如此不同，如此有魅力》，大众生活表现出的丰富多元以及鲜活的生命力，让许多艺术家为之着迷。大众文化中流行的图形、色彩经常出现在艺术家的作品中，电影明星、日常生活中常见的商品都成为艺术家热衷表现的对象，流行一词通过艺术被赋予更广泛的含义。波普艺术不再追求经典和永恒的价值，代之以流行的、短暂的、易耗的、低成本的、性感的、商业化特征。在波普艺术家眼中，艺术似乎也成了消费品，波普设计则因为设计直接服务于生活的原因，体现出更强的大众趣味、幽默、怪异、廉价、艳俗、轻松、愉快。

大众文化的兴起可谓是波普设计设计产生的先决条件。除此而外，波普设计的产生还和下列因素有关。

首先，工业产品的"计划性废止制度"。"二战"后，发达国家将有计划的废止制度视为一种刺激经济复兴的国家策略。其核心是，人为地限制产品寿命，有计划地批量报废产品。他们认为通过"计划性废止制度"，可以拉动消费需求，刺激销售，进而带动生产，盘活整个国家经济链条。"计划性废止制度"借助喜新厌旧这一大众共有的消费心理，反过来又创造了消费文化中的拜金、拜物倾向，促进了物品设计的求新求异潮流。波普设计沿着喜新厌旧这一大众消费心理发展，生发出"今天用，明天扔"的用后即弃造物观。当然，从可持续发展的角度来看，这种思想是存在很大问题的，但是在"计划性废止制度"盛行的 20 世纪五六十年代又有多少人能认识到呢？

其次，服饰文化迅速变换的节奏，也为波普设计提供了推动力。体现个人消费精神最直接、最有效的表达方式莫过于他的着装了。波普设计运动中，服饰设计可谓最大亮点，性感的迷你裙，艳丽的国旗衫，紧身的牛仔服，夸张的烫发头，多彩的蛤蟆镜……服饰时尚迅速变换着节奏，以让人意想不到的速度演进着流行风潮。波普运动中，服饰文化体现出的张扬个性，进一步刺激和解放着年轻一代的生活心态，他们大胆、开放的生活态度，求新求异的消费心理，为波普设计提供了用武之地。（图59）

再次，高速公路的迅速增长和汽车文化也为波普设计提供了必要的助推力。波普运动的时代正是西方城市大发展的时代，西方各主要资本主义国家的高速公

图59　波普设计运动中的服饰

路不断增长，汽车走进更多的家庭，也走进年轻一代的生活。成千上万的年轻人跨越不同的城市聚集在一起，举行前所未有的盛大集会，摇滚乐、毒品以及性构成聚会的核心。他们穿着时尚而夸张的服饰，放纵身体，享受激情，各种时尚的玩意儿和奇特的思想在集会中激情碰撞，而后迅速散播，促进了波普设计的发展。（图60）

最后，科技和发达的大众传媒是扩大波普运动影响力，推动波普设计不可或缺的因素。20世纪60年代，电视走进了千家万户，为人们带来了更多的资讯，许多影视明星成为人们崇拜和模仿的偶像，他们受到前所未有的关注。同时，传统的广播行业为了和新兴的电视业竞争，也在流行文化上大做文章，特别是流行音乐。波普运动时期，电视、广播等大众传媒迅速发展，唱片发行量激增，电视、半导体、录音机成为生活的必需品，

图60　波普运动的时代，年轻一代经常聚集在一起

这些都对波普运动的传播起到了巨大的推动作用，也为波普设计的发展起到推波助澜作用。

二、波普设计和大众文化之间的区别

波普运动尽管受到大众文化的深刻影响，但我们仍然不能把二者等同起来。要搞清二者之间的区别，需要先分析一下大众文化的特点。首先，大众文化缺乏审美的深度，满足于浅薄的平面感，不追求永恒的价值，也不叩问人生意义，从来也不思考生活中的重大问题。大众文化经常用戏谑代替严肃，用消费和物质享受取代精神探索，认为权威本身已经瓦解，主张多元开放，是多样杂糅的去中心论。其次，大众文化只注重当下和现在，涉及历史时，历史经常被理解为纯粹的形象，并在利用这些形象时体现出零散的、片面的、功利主义倾向，割断了与历史的深层联系，是拼凑的大杂烩，没有深度。再次，大众文化中人作为主体经常消失，大众文化的流行性使消费者于潮流之中追寻自我，而后又迷失自我。他们经常穿同样风格的衣服，烫相似的发型，听同样的歌曲，消费同样的电影和大众传媒，是不假思索的风格接受者，具有典型机械复制性。

波普设计尽管受大众消费影响深刻，但是设计的本质属性决定了波普设计的创造主体仍然是知识分子。只不过他们和传统知识分子相比少了些精英意识，波普设计师把自己看成大众当中的一个普通分子，并积极地参与到大众文化之中，经常从大众文化中吸收大量他们喜好的元素进行再创造。但是他们的知识背景和优秀判断力是无法改变的，不可能和普通大众混同起来，因此，波普运动中并不缺乏杰出的创造力和想象力，波普设计仍然创造了许多杰出的经典作品。

三、波普设计的特征

波普设计产生于西方国家经济高速发展之后的"丰裕时代"，受大众文化影响，体现出想尽一切办法让大家高兴的消费性、商业性和娱乐性特点。波普设计产生的基础是大众消费，大众消费观迥异于社会精英层，社会理想的缺乏使他们的消费只注重物品的享乐特征和感官刺激。判断力不高和文化的薄弱使他们的消费处于跟风状态，而跟风是引发流行的前提条件。受大众消费观念影响，波普设计表现出强烈的流行、艳俗特征，相对现代主义设计的婉约、节制和简洁，波普设计以活泼具象、夸张奇异著称，表现出对大众审美情趣味的迎合，具体表现在以下几个方面：

1. 艳丽的色彩、艳俗的图案

波普设计在色彩运用上大胆而不拘一格，鲜艳的色彩经常被夸张地运用在服装、家具、包装、海报设计中。色彩是点燃物品激情最为有效的武器，波普设计师喜欢在醒目的色彩和强烈的色彩对比中展示其特殊的风格魅力。装饰着时髦大眼睛的短裙，玛丽莲·梦露嘴唇造型的"红唇沙发"，鲜艳的"国旗衫""斑点椅"等，都于大胆的色彩运用中诠释着波普运动玩世不恭的态度和嬉皮精神。特别是弥尔顿·格雷瑟为摇滚歌星鲍勃·狄伦设计的招贴画，图形上波浪线被跃动的色彩分割为飘扬的条带，产生绚丽又迷惑的视觉效果，这种装饰风格被称之为"迷幻式"。迷幻式的图形被波普设计大量运用，甚至装饰在披头士乐队成员的汽车上。

波普设计所使用的装饰图案涵盖了生活中一切高雅或世俗的事物，任何流行元素甚至是工业产品形象都会成为装饰图案里的主角，也是他们再设计的源泉。波普艺术家声称，艺术应该等同于生活。创造更加丰富的生活用品成为波普设计的任务和时代的潮流，装饰元素的生活化为波普设计注入了活力。因为只有更多的装饰信息才能表达波普文化的精神，所以波普设计艳丽的色彩以装饰图案的纷繁复杂为支持。图案上面经常会再嵌套图案，层层叠叠，体现出俗和艳的视觉特征。特别是英国的服装，经常用彩色碎花面料和对比强烈的条纹面料，有时也会把流行明星的形象以特写的方式印制在面料上，从而把热情带入人们的生活，表达波普艺术的精神。

波普设计中招贴和唱片封套最能说明装饰图形的多元和繁复，彼得·布拉克1967年为披头士乐队设计的唱片封套上，身着不同服饰、身份各异的人物照片共同拼贴在同一舞台，人物和杂陈的花木同构，好似超现实主义绘画描绘的境界，打破了纯艺术和设计的界限。波普运动后期，招贴设计反映出更多的怀旧情绪，兼有新艺术风格，佛教图像大量出现，日常生活中一些典型的图形，如旗帜、靶子、玩偶更是不可或缺，万类杂呈，使波普设计的色彩、装饰图形体现出更强烈的大众趣味和艳俗特征。

2. 夸张的造型

波普设计在大的波普文化背景下，经常设计出一些新奇而夸张的不同寻常的东西，许多波普设计作品表现出前所未有的全新形式。比如英国设计师玛丽·昆特设计的"迷你裙"，历史上的裙子从来没有这么短过。"迷你裙"大胆开放，体现出波普文化的活力和精神。又如阿伦·琼斯设计的"人体模特家具"组合，包括椅子、茶几和挂衣架，全部都采用了塑料制成的性感的半裸人体，性感得近乎色情，给人以强烈的视觉冲击力和离经叛道感。再如，前卫设计团体 Simon 工作室设计的罐头凳子，设计创意直接引用同为波普艺术家的安迪·沃霍尔 1962 年丝网印绘画作品《坎贝尔的汤罐头》，独特的造型和不同凡响的构思集中体现了波普设计的巧妙和诙谐。

意大利独特的设计文化使意大利波普设计更加不同凡响，他们赋予许多物品以全新造型样式的同时也创造了经典。"大草坪"椅，"Sacco"沙发和"Joe"沙发是三款坐具中的经典。"Joe"沙发以一个棒球手套为完整造型，这只被放大的棒球手套，提供了富于趣味的有机造型，也提供了更为随意的休息方式。"Sacco"沙发的造型完全脱离了沙发的传统形式，它是一个里面装满聚苯乙烯颗粒的梨形大口袋，可以提供或坐或卧的随意休息姿态，它不仅在造型上具有革命性，甚至重新诠释了坐的方式。"Strum"设计小组设计的"大草坪"椅，用软塑料仿造了一块切下来的草坪，每棵草都被放大，尖利的上水平面使人们对它的视觉感受和它提供的功能完全对立起来，但或许正是它所提供的迷惑和引发的猜测才是它最为成功的地方。新颖、奇特、夸张的造型从侧面反映出波普设计不墨守成规的一面，也很好地体现了波普设计的创造精神。（图61）

3. 独特的材料

波普设计师或许并没有打算为人们提供经典的或经久耐用的物品，他们的设计更多地只为提供一时之需的满足。玩世不恭的波普设计师大量使

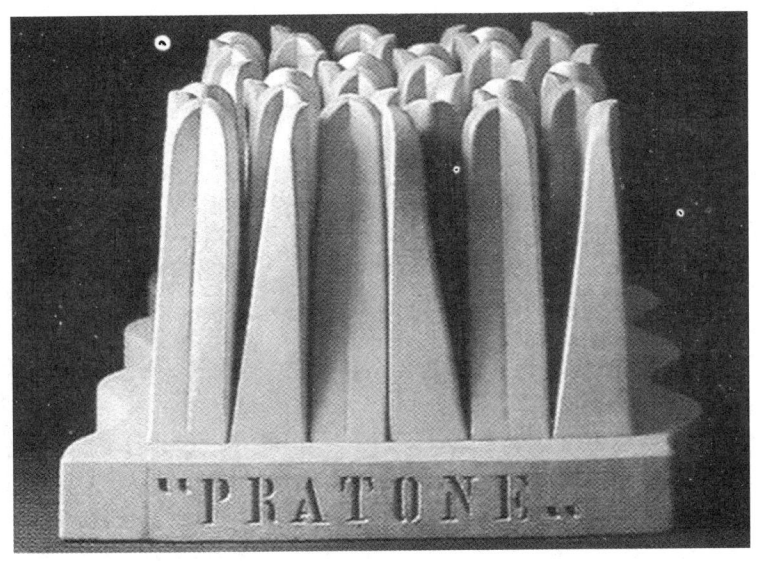

图 61　意大利 Strum 设计小组设计的"大草坪"椅

用廉价的、易得的材料。因为他们的设计需要迎合大众文化享乐主义的物品消费心态，在流行中保持生命力，故而，产生了大量的"今天用，明天扔"的设计作品。正是这种心态使得波普设计把灵活性、短暂性、趣味性结合在一起，而深受年轻一代的喜爱。

波普设计在家具领域经常动用廉价的塑料，除文章前段提到的"人体模特家具""大草坪"椅、"Sacco"沙发以外，最具代表性的可能是"Blow"沙发椅了。该作品是一款充气塑料制成的"扶手沙发"，充气后整个椅子呈淡色透明状，让人担心它的安全性。但"Blow"沙发椅确实可以提供安全舒适的功能，同时不用时还可以排出空气进行折叠，体积非常小又很轻便，可以把它带到任何你希望的地方，体现出波普精神。除塑料外，波普设计师甚至动用纸来制作服装和家具。1963 年，彼得·默多克设计用纸做了一款"斑点椅"，它出厂时只是带有压印线的厚纸板，使用时只要沿着压印线折叠就变成了椅子。波普设计师还把刊登有信息的报纸制作成衣服让模特展示。廉价的材料，特别是用纸来制作家具和衣服充分体

现了波普设计"用后即弃"的设计理念。(图62)

为制造感官刺激和更大的惊喜,在美国人第一次登上月球之后,波普设计师在设计中还模仿宇航员闪闪发亮的服装光泽,设计出所谓的"太空风格"作品,他们利用塑料来实现纺织物表面的金属光泽感,并在造型上对宇航服进行模仿。对流行事物的模仿和复制显然扩大了波普设计的材料观,体现了求新求异的波普精神。

4. 独特的设计手法

波普艺术家经常借助流行元素表达艺术观念。某些元素被不断地重复运用在不同的设计领域,有的甚至是完全相同的重复性复制。而正是这种不断地重复,提高了流行元素的影响力。同时,艺术家也利用这种文化的流行性提高了作品的声誉。在安迪·沃霍尔把市场出售的"坎贝尔"汤罐头通过丝网印刷印制成绘画之后,Simon 工作室又把它等比例放大,制作成波普风格的凳子。这种诙谐、巧妙、低成本的波普做法使原产品、安迪的绘画、Simon 工作室的凳子都更加有名。除此而外,意大利激进设计小组"65 工作室"翻制的红唇沙发,其创意来自超现实主义画家达利作品上描绘的唇形沙发,其造型也带有当时的著名电影明星玛丽莲·梦露飞吻时唇形的特征,这一设计并没有因此而被认为有抄袭之嫌,而是因梦露和达利原作品的名气很快声名大震。在波普文化中重复和复制是被广泛运用和认可的手法。

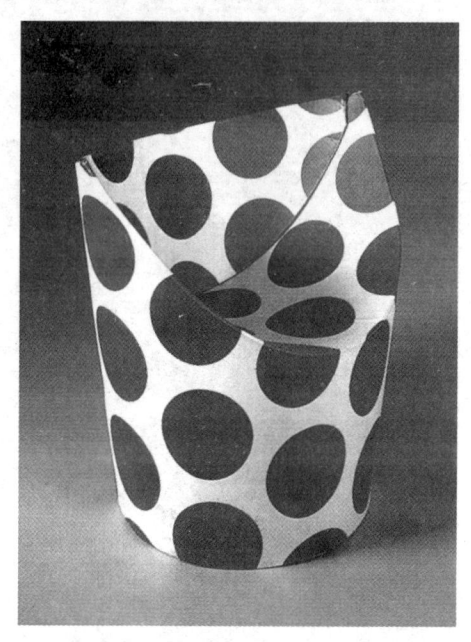

图62 彼得·默多克设计的纸"斑点椅"

波普艺术运动的核心成员是安迪·沃霍尔，其一生最主要、最著名的作品都来源于这种复制，更为让人惊讶的是他对重复复制抱有极大的热情，他除了重复复制过梦露的头像外，还以丝网印技术数十次复制过可口可乐饮料的瓶子，把两元的美钞复制超过五十张，把"坎贝尔"的汤罐头复制了两百次等。而每多一次复制都会为安迪攒聚更多的人气，这种重复当中包含了对大众消费文化和日常生活的认同和赞扬。在波普艺术家看来，纯艺术就像生活中的广告一样，重复得越多，认知度就会越高，影响力也就越大。在不断的复制中，领域的改变，材料、工艺甚至是色彩的不同都会为流行元素带来新的生命活力，点燃大众的热情。

　　波普运动中，独特的重复手法好似经典老歌的翻唱，为生活带来更多的惊喜。波普艺术流行的时代，各种流行元素既各自独立，个性鲜明，又相互关联，彼此渗透，它们共同构成有魅力的时尚生活。在这种魅力生活中，承担造物角色的波普设计起到了关键作用，特别是它们拼合与嫁接的设计方法，造成各种时髦元素的混搭。正如利奥塔所言，"人们听着西印度群岛的流行音乐，看着西部电影，午餐吃着麦当劳，晚餐则吃本地餐点，在东京却喷着巴黎的香水，在香港穿着古装"①。正所谓"百姓百姓，各性不同"，大众文化的流行必然导致庞杂和多元，流行的、复古的、超前的都成为波普时代时尚生活的组成部分。

四、波普设计和设计伦理

　　波普设计运动是一个形式主义的设计风潮，它的背后是西方丰裕社会和大众消费文化，以及年轻人的反叛立场。而正是在波普设计运动的一片喧嚣声中，有人开始从严肃的角度思考设计的立场和目的。总的来说，造

---

① 利奥塔著，车槿山译. 后现代状况［M］. 北京：生活·读书·新知三联书店，1997.

物的作用应该是"经世济民",设计的目的是为了造就"诗意的栖居"。而大众消费的狂潮必然会引发环境的问题。美国设计理论家维克多·巴巴纳克在其著作《为真实世界而设计》一书中,提出现在看来无比正确而在当时却颇具争议的三个关于设计的新看法:"1. 设计应该为广大人民服务,而不是为少数富裕国家服务;2. 设计不但应该为健康人服务,同时还必须考虑为残疾人服务;3. 设计应该认真考虑地球的有限资源使用问题,设计应该为保护我们居住的地球的有限资源服务。"① 巴巴纳克的观点阐述了自现代设计产生以来一直被忽视的重要因素,为盲目中疯狂发展的现代设计运动指明了方向。然而,巴巴纳克的观点虽然引起巨大的社会反响,但这种观点最终还是没有为当时西方发达国家的设计界所采纳,因为,这种论调和发达国家的本位主义思想截然相反,也和发达国家当时的利益相对立,他本人甚至被美国工业设计师协会除名。真理的声音在三十年后成为全世界关注的话题而被不断重复。② 在波普设计"用后即弃"的设计观和享乐主义消费思想引导下,大众消费又演绎着怎样的轨迹呢?设计在"以人为本"和"为人服务"的口号声中,"方便"的"一次性"物品盛行于世。波普设计的某些思想和方法在后波普时代,终于演化成人类短视的笑柄。

购物袋一次性,商品包装一次性,就餐用具一次性,洗浴衣帽一次性,输液容器一次性,汽车坐垫一次性,建筑工程门窗一次性,节日花卉一次性……"今天用,明天扔",或许是波普设计为我们留下的最大印记和遗憾。

---

① 王受之. 世界现代设计史 [M]. 北京:中国青年出版社,1999:223.
② 自从20世纪70年代"能源危机"爆发,维克多·巴巴纳克的"有限资源论"才逐渐得到人们普遍的认可,绿色设计也得到了越来越多的人的关注和认同。

阿莱西的产品设计及其启示

一、阿莱西公司发展历史简述

阿莱西（Alessi）公司于1921年由吉奥瓦尼·阿莱西创立于意大利奥莫格纳。刚开始时，公司只制作金属制品，用黄铜、铝材作为基本材料，并采用电镀工艺。1928年，公司迁到了现所在地克鲁塞罗。在公司成立的最初二三十年里，阿莱西一直致力于技术革新，先后采用了镀铬工艺、不锈钢工艺，技术上的成绩使公司小有名气，但在设计上却一直默默无闻，直到第二次世界大战结束的1945年，公司才拥有了第一件堪称经典的作品"鲍慕比"。它是一套茶具，以镀镍银为材料制成壶身，把手部分则由树脂制成，这件两种材料复合的作品直到今天仍在生产，不过壶身换成了不锈钢加电镀工艺，把手换成了苹果木。"鲍慕比"的成功使阿莱西公司将关注的重点由加工技术转移到设计上。一些著名设计师以顾问的名誉参与到公司的工作中来，阿莱西的产品设计感提升并逐渐得到比较广泛的关注和认可。

1970年之后，阿莱西进入快速发展阶段，公司影响迅速扩大，这一切都和阿尔贝托·阿莱西进入公司有关。阿尔贝托大学学习法律，但他十分关心设计，在他的引领下，一些著名的设计师进入公司，艾托·索托萨斯、阿希里·米斯特里尼这些赫赫有名的人也开始了同阿莱西的合作，甚至亲自为其设计产品。阿莱西产品保持了好的销路的同时赢得了良好声誉。1978 年，由理查德·萨伯设计的蒸馏咖啡壶"9090"，这件作品 1979 年赢得了第一届 Compasso d'oro 大奖，并被纽约的现代艺术博物馆收藏。随后几年，"9090"被路易斯安那、费城、柏林、杜塞尔多夫、苏黎世、耶路撒冷等地的众多博物馆收藏。高水准的设计为阿莱西带来了巨大的荣耀，也让阿莱西更加前卫和包容。亚历山大·蒙迪尼这位意大利 20 世纪 70 年代激进设计运动团体"阿卡米亚"的领导人，于 1979 年进入公司，成为阿莱西此后十余年的精神领袖和导师。亚历山大·蒙迪尼最早毕业于米兰工学院建筑系，1959 年获博士学位，是集建筑师、设计师、理论家于一身的天才人物。1970 年起他成为意大利激进设计运动的最核心人物，曾担任 Casabella 杂志主编，Modo 杂志总裁，Domus 杂志编辑。特殊的身份使得蒙迪尼将阿莱西公司及其产品带入后现代主义设计运动激烈辩论的中心，阿莱西开始处于设计界的漩涡激流中。

1983 年，在蒙迪尼倡导下，米兰搞了一个"茶和咖啡广场沙龙"活动，很快"茶和咖啡广场沙龙"成为激进设计运动成员内部讨论设计问题最核心的聚会。阿莱西公司的所在地克鲁塞罗距离米兰仅 60 千米。阿莱西在经费上为这一沙龙活动提供了一些支持，这些支持虽然没有给公司马上就带来经济回报，但使阿莱西获得了批评和文化上的动力，为阿莱西扩展出另一些更具生命力和号召力的产品，这些产品混同于纯粹的艺术品。1983 年，米歇尔·格兰乌斯设计的仅生产 99 套的茶具，最高售价竟达到11390 英镑，接近于一辆低端家用轿车的价格。设计作品从来没有像它这样仿效纯艺术品，但阿莱西的影响确实扩大了，更多杰出的"设计家"加入它的队伍中，从事具有挑战性的设计工作。

后现代主义设计力量的聚集产生历史性影响，后现代主义对手工艺的回归和重视，使阿莱西的手工传统技术优势发挥得淋漓尽致，阿莱西也因此将更多产品定位在"博物馆"层面。的确，与现代主义设计追随和信赖的工业文明提倡的大批量生产不同，后现代设计师更希望作品是非批量化的、由手工制作或作坊加工。他们反对现代主义的机械和冰冷，希望找回物品中失去的历史感，这种做法在意大利这样一个拥有古老文化传统的国度里具备广泛的群众基础。因此，20世纪80年代成为阿莱西全面发展的年代。在设计实验和风格尝试上的成功并没有使阿莱西放弃市场，一些既实用又杰出的作品为阿莱西创下销售神话。1985年，迈克·格雷夫斯设计了一个三角形的不锈钢水壶，装有彩色树脂的把手，壶嘴上装有彩色的鸟形哨子，当水沸腾时，热气通过鸟形哨子时会发出鸣叫。这件杰出的作品最多的一年能销售4万件，它的成功为企业带来巨大商业利润，同时扩大了阿莱西在中产阶级中的影响力。（图63）

意大利的企业向来以走小路而闻名世界，阿莱西也一样，产品的成功主要依靠专业天才的设计和企业独特风格的准确定位，而不像美国依赖于科学的市场调查。为创造更成功的厨房用品，阿莱西1979年开始发起一项研究，内容是促进设计师和厨师的合作，以创生更加理想的厨具，于是"创想之舱"成立了。它以设计师理查德·萨伯和美食家阿尔贝托·冈兹为核心，挑选了一些优秀的设计人员和厨师参与，大师与大师的合作产生了丰富的成果。"创想之舱"使阿莱西提供的锅、铲、勺、盆、调味瓶，功能是那样杰出又富于设计感和人情味。对于拥有古老文化的意大利人而言，这种大师加大师的合作方式，有可能开启更为古老的智慧，回归富有品位的经典生活方式之中。

在整个阿莱西的发展过程中，男性设计师起到了决定性的作用。直至1998年公司才在蒙迪尼的建议下吸纳了第一位女性设计师——劳拉·波利诺罗。在此之前，也许在阿莱西巨大的名声、奢华的设计团队之外还有一点小小的遗憾，那就是女性视角的缺乏。劳拉·波利诺罗的参与为阿莱西

图 63　迈克尔·格雷夫斯设计的"快乐鸟嘴壶"

的产品注入一些新符号提供了帮助。"情感符号理论"的倡导者方纳认为"我们的一些选择是由于情感和想象的暗示做出的"。劳拉·波利诺罗推动了阿莱西对顾客母性般的重视,阿莱西认识到顾客群体意识中有一种霸权主义,所以,要把顾客看成被娇惯的拥有特权的孩子,公司应该像他们的父母一样绝对屈从于他们的愿望。在这种观念推动下 20 世纪 90 年代起,阿莱西的产品开始强调童年和与之相关的事物,儿童符号在产品中被广泛运用。由斯蒂法诺·吉奥和圭多·文杜星组成的 King – Kong 设计团队,设计了许多富于情感和童年记忆的作品,用简单的打孔方式创造了著名的"吉罗通多"形象,并成为"儿童符号"在产品领域应用的杰出典范。King – Kong 为阿莱西注入了新的活力,"好玩"作为企业产品理念在 20 世纪 90 年代开始代替 80 年代的"为大众所喜欢"。(图 64)

新的理念带来材料的扩张，重视塑料制品的研发为阿莱西产品带来更多的趣味和感性色彩。1991年起，阿莱西研究中心提出一个"家庭跟随想象"新设计构想，颜色鲜亮的塑料成为新设计的主角。马蒂那·迪·卢萨的作品体现出滑稽性和游戏性结合的特征，这些好玩的东西是如此的令人轻松，产品起到了"精神的肥皂泡"的作用，滑稽甚至是庸俗使阿莱西的后现代设计为主的风格被重新定位。其实，20世纪90年代后，新庸俗主义成为一种力量，阿莱西在取悦和满足了最简单、最广泛的公共审美之外，还迎合了中产阶级对美的含糊理想。因为庸俗的玩笑不仅可以打发些许无聊的时光，也可以彻底放松身心。90年代的阿莱西放下了男性化的庄重，体现出多彩、好玩、庸俗甚至色情的特点，却赋予其产品更多的公众亲和力，使阿莱西继续站在产品设计的最前沿和最高点。

这一切也似乎昭示着一个新时代的到来，被更多的人接受是否就意味着品位的下滑呢？格雷夫斯设计的自鸣式水壶尽管在70年代一年能卖出去4万把，但他的售价却又未低于145美元。而90年代后阿莱西这些好玩的产品已经开始出现10美元之

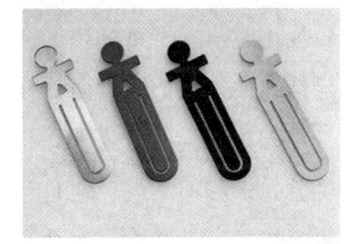

图64 阿莱西"吉罗通多"系列作品是儿童符号在产品领域成功运用的典范

内的了。进入 21 世纪，更多的人在接受和消费阿莱西产品，美国和西欧已经很普及，在亚洲也有它们忠实的追随者，进入 21 世纪，阿莱西接受了因特网，并有产品在网上出售，阿莱西的那些厨房和桌面上的奢侈品又会演绎怎样的传奇呢？

阿莱西的成功主要源自设计，公司自 1945 年拥有第一套经典作品起，每一次成功都和设计密不可分。70 年代起阿莱西更是借助意大利激进设计运动勃发之机，聘请埃特·索托萨斯、亚历山大·蒙迪尼、阿喀琉斯·卡斯提琉尼、迈克·格莫夫斯、理查德·萨伯等激进设计运动的核心人物和设计大师为顾问。尽管大师们的设计因为实用要求已经减弱了前卫的色彩，但阿莱西的产品仍然看上去不同寻常，多少有些后现代设计激进实验品的味道。阿莱西是以生产厨房和桌面用品为主的企业，开水壶、咖啡杯、榨汁机、水果盘、开瓶器、调味瓶……这些微不足道但又不可或缺的东西最适合后现代主义设计师予以发挥了。一则它们不可能因功能不好导致使用时出现严重的错误；二则桌面上的这些小玩意本来就更应该成为生活情趣的点缀。阿莱西的设计顾问索托萨斯说过："设计对我而言……是一种探讨社会的方式。它是一种探讨社会、政治、食物甚至设计本身的一种方式。归根结底，它是一种象征社会完美的乌托邦方式。"① 可见，设计本身就是一种改良，当这种改良以较为新颖的面孔出现时就意味着批评，这种批评首先是美学上的，但也可能上升到哲学上。20 世纪七八十年代开始阿莱西获得了产品领域的批评话语权，并形成完美的设计管理模式运行至今。

二、阿莱西独特的设计管理模式

现代企业其设计管理模式无非可以总结为两种，一是企业体之内拥有

---

① 梁梅. 意大利设计 [M]. 成都：四川人民出版社，2000：114.

自己的设计或造型、色彩研发部门；另一种是设计来源于企业体之外，交由一个或多个专业机构来完成。而阿莱西可谓二者兼而有的第三种，拥有独特的设计管理模式。阿莱西公司一年需要2000件以上的成功设计方案，所以聘请再多的设计师似乎都不够用。另外，每个设计师都各有所长，风格鲜明，将工作过多地交给某一些人有碍于设计丰富性的实现。因此，阿莱西企业体之内拥有设计管理人员，企业体之外一直聘请设计顾问，他们共同完成设计，从1954年的卡洛·马泽瑞开始一直没有间断，并且在其长长的设计顾问名单中大师辈出。

企业体之内阿莱西大多数时候只有6名设计管理人员，他们负责与设计师进行沟通，但并不提供具体的设计。他们的工作更像是一个评头品足的批评者，否定设计师的方案并进行评估，给出建议。但他们又是设计的实现者，负责从设计到生产的所有工作，保证设计顺利地转化为产品。

阿莱西所有的产品都不会标注设计师的姓名，包括大师的作品也都是"匿名"销售的。产品上只出现阿莱西而不会出现设计者，制造商对产品拥有绝对的控制权。但阿莱西的大多数产品的设计者实在是太有名了，"匿名"确实是一种浪费，所以阿莱西经常在包装上以连篇累牍的文字对设计师大肆宣传。产品及设计师是公司长期宣传和推广的附属品，设计师的价值不仅体现在最终的产品上，也体现在其设计权威的形象上。

阿莱西如此众多的产品使人们很难对它的风格进行概括和总结，但同其他任何品牌相比，阿莱西依然是风格鲜明的。尽管它在每个特定的时间段内都表现出不同的风格，但是它仍然有一条主线可以让我们明确地感受和解读，那就是雕塑感和艺术性。每件阿莱西的作品都可以获得此种感受，它来源于独特的设计，也来源于完美的工艺和动人的质感、色彩，可以说，高贵的艺术气质就是阿莱西的风格。（图65）

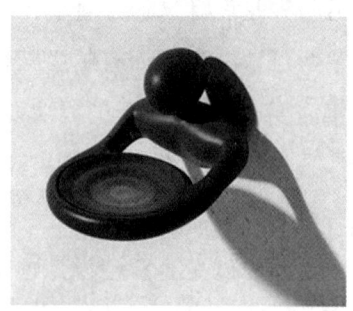

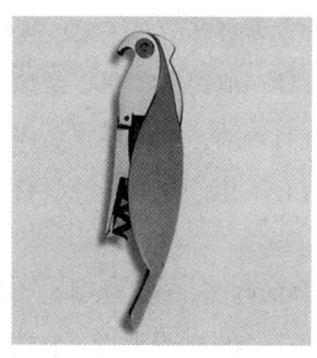

图65　阿莱西的产品总是充满高贵的艺术气质

三、阿莱西独特的设计评价体系

现代企业产品研发经常借助市场调查和分析。调查、分析目标人群、竞争对手、消费心理、市场划分等，这套模式先要搞清楚消费者需要什么，然后按需要生产。阿莱西也做一些调查，但他们只针对形式、预兆和精神、全球前景三个方面。他们不需要了解消费者的需求，而是立足某种精神引导他们的需求，当有购买能力的消费者看到阿莱西的某款产品时惊呼："这正是我做梦都想拥有的。"这就是它的目的，充满艺术气质的阿莱西是现代生活的诗人和造梦者。

关于造型，阿莱西拥有一套独特的设计评价体系，在设计投产前所有方案都要从感知、记忆、想象、功能、价格等五个方面各分若干个等级对该产品的销售前景进行综合评估。正是这套独特的——将感知和记忆视为生命的评估体系成就了阿莱西"梦想工厂"的美誉和传奇，使阿莱西旗下生产的数以千计的物品从家庭的厨房和桌面登堂入室，走进了世界各地的博物馆里。

在百度词条里，感知被定义为"利用感官对物体获得的有意义的印象"。可见，感知有初始性，它直入人们内心，形成第一印象。同时，又积极调动人们的认知将旧有的经验与该印象进行比照性判断，进而通过联想和想象升华体验，最后形成记忆。美好的事物一定会被感知、被记忆，正如深夜中划过天空的流星或是烟火，转瞬即逝，但印象永存。恰如王羲之《兰亭修禊诗》中所言"群籁虽参差，适我无非新"，人的感知在心境相同的情况下对"美"和"新"总是情有独钟。因此，阿莱西胜在"新"，胜在此"美"，胜在优秀的设计。

功能和价格对于阿莱西来说并不重要，因为他们从来没想着要在节约金钱和时间或力气方面作出贡献。多功能、自动化、便捷式不是它的追求，因此，对于多数产品而言，功能够用就好，甚至对于一些特殊产品功能很差也不必惊慌。就像菲利普·斯塔克1990年设计的"Hot Bertaa"壶一样，这个既像变形的了弹头又像麦当娜尖尖的胸衣的怪物，尽管注水十分麻烦，一点都不好用，但它仍然是如此赫赫有名，因为没有多少人会拿它去烧水，它存在的意义主要在于供人们安静地观赏。价格也不重要，相对于普通产品而言，阿莱西不管怎么努力都是十分昂贵的，一个调味瓶的价格足可以买好几把普通的水壶了。但阿莱西再贵依然有人购买，所以感知和记忆才是他们评估的重点。

如前所述在百度词条里感知被定义为"利用感官对物体获得的有意义的印象"。那么阿莱西又唤起我们怎样的感知和记忆呢？让我们闭目想象，当你和久别重逢的人静坐，用蒙迪尼设计的 Anna G 开瓶器打开一瓶红酒的软橡木塞时，Anna G 那亲切的笑脸和一点点张开的手臂一定会加重这种浪漫和温馨。

菲利浦·斯塔克在谈到他 1989 年为阿莱西设计的"沙利夫"榨汁机时这样说："三年前一次就餐的过程中，这只章鱼般的榨汁机跃入我的脑海，三年后的今天它变得如此有名，它的存在不是去榨取成千上万只的柠檬，而是让第一次见到未来岳母的人在饭后有一个共同的话题以做谈资。"是的，在意大利这个古老的国家里，男人爱艺术而女人善美食，让隆重而陌生的会面多点共同话题以冲淡紧张和不适情绪才是这个榨汁机的核心任务，这又有什么不好呢？对良好感知的追求使阿莱西更接近纯艺术，更具品味；而对记忆的强调强化了产品的历史因素和消费者的童心以及玩具与阿莱西产品之间的关系。

四、阿莱西的产品启示

如果我们把阿莱西的物品按功能划分，可得出三种类型：一是像格雷夫斯设计的鸟嘴自鸣壶一样好用的；二是像斯塔克设计的"juicy salif"或蒙迪尼设计的"Anna G"功能不怎么好用，但寓意丰富的；三是像"Hot Bertaa"壶一样基本不能用的。但无论上述哪一类型，艺术性都是一致的，对阿莱西而言艺术高于一切。

这些功能不好用甚至基本不能用的又有谁会消费呢？其实自 1979 年第一件阿莱西产品进入纽约现代艺术博物馆起，阿莱西就有一个博物馆计划，他们曾考虑，把公司的重要产品都定位在博物馆层面，并认为："只有在这种情况下，寻根的做法才既符合人们的心理，又会得出很好的销售成果。"[①] 所以，阿莱西有许多产品都只生产 99 件，以完全符合他们自己

---

① ［英］米歇尔·克林斯·阿莱西［M］. 北京：中国轻工业出版社，2002：16.

定位的"艺术品的三个条件"。与其说这些桌面物品像是艺术品，不如说它们本来就是艺术品，只不过和桌面用品有点关联更为合适。

　　针对博物馆的设计为阿莱西树立了设计的艺术标杆。因此，具有实用功能、销售业绩极佳的阿莱西物品同样具备很高的美学水准。正如玛蒂亚·迪·罗萨设计的水杯"Gianni"（不撒手的小人）一样，这是阿莱西的风格。阿莱西作为一个批评者，20世纪七八十年代批评了产品的美学，象征了高水准的艺术化生活诉求；90年代以后批评了后工业时代，我们仍然生活得如此忙碌，甚至没有时间来享受手工压榨的果汁和蒜蓉。阿莱西作为一种文化，这种文化昭示了生活中简单物品的美以及现代生活应该拥有的从容与惬意。阿莱西所倡导的是理想的生活还是物品功能的倒退？在它充满美学魅力的产品之后，希望能够唤起大家于忙碌的生命中，从日常用品中体味美学至上的生活品位。

从"甲壳虫"汽车看消费者的品牌忠诚

费迪南德·波尔舍,著名的汽车设计大师,保时捷公司的创始人。当人们谈起他四十多年传奇般的设计生涯时,最津津乐道的不是戴姆勒汽车公司的亨利公爵牌汽车或者 38/250 梅赛德斯·奔驰牌轿车,也不是 v16 汽车联盟汽车,更不是"二战"中的虎牌坦克。他最大的贡献主要体现在使汽车大众化的设计概念上。

1929 年,在汽车设计领域已经非常成功的费迪南德·波尔舍辞去梅赛德斯公司经理一职,成立了波尔舍公司。不久正好赶上德国政府为了吸引和扩大公众消费,刺激德国的经济复苏,要求汽车界研制一款"国民用车"。"国民用车"被新上任的德国总理阿道夫·希特勒描述为"最高时速 100 公里,百公里耗油应少于 7 升,可乘载一家两名成人和三名儿童,售价不超过 1000 马克,可以停放在露天地,发动机冬季要防冻,容易启动"。1934 年,德国汽车制造联合会委托费迪南德·波尔舍设计这款"国民的汽车"。1935 年,样车下线并且出现在同年的柏林汽车展上,这部车为日后"甲壳虫"汽车发展确定了方向,其功能主义的理念和众多前瞻性的设计都在后来的"甲壳虫"系列车型中得到了体现。希特勒在宣称"国民轿车"即将到来的消息时使用了"大众汽车"(Volkswagen)一词,并决定建立一个汽车厂专门生产这种轿车。1938 年 5 月 26 日"大众汽车公司"诞生。第二年,大众汽车在柏林汽车博览会上展出,美国人认为这辆车像"一只可爱的小甲壳虫",但直到1967年德国人才正式使用"甲壳虫"作为它的名称。

1939年,德国人民还没有来得及充分享用这一款大众汽车,它就因为第二次世界大战的爆发而转入军用。德国军方加强了车身钢架的质量和硬度,大众汽车被改装成吉普车、水陆两用车,大量投入北非、波兰和苏联的战争,至1945年德国战败,改装的吉普车和水陆两用军车分别生产了5万辆和1.5万辆,大众汽车成了名副其实的战争工具。战争结束时63%的大众工厂被炸毁,一位英国少将从瓦砾堆中找到一些发动机零件,自己动手制造了两辆"甲壳虫"车,驶回英军总部,马上受到垂青,订单如雪片一般飞来,侥幸保存的汽车生产线恢复生产。1946年10月,大众汽车"甲壳虫"的生产总量达到1万辆。1949年,大众汽车开始推出用于出口的"甲壳虫",它们很快成为欧洲市场最畅销的汽车。奇迹般的销售业绩为整个50年代德国的经济复苏作出了决定性的贡献。至1967年第1000万辆"甲壳虫"下线后不久,随着世界汽车工业的飞速发展与人们购买力的提高,大众公司的批量生产这一基本竞争优势开始转变成严重的劣势。1972年8月起,"甲壳虫"汽车的销量逐步下滑,1974年6月,位于德国本土的沃尔夫斯堡的大众本厂停止了生产,1978年"甲壳虫"汽车挥别欧洲,生产地分别迁移到巴西、墨西哥、泰国等近20个国家。1985年,"甲壳虫"汽车在欧洲停止销售,它的时代逐渐走到了尽头。不过,作为历史上最富有传奇色彩,最为成功的车型和最经久耐用的汽车,它所得到的荣誉远远超过了这个商品本身。(图66)

图 66　第 2000 万辆"甲壳虫"在墨西哥下线时的情景

从设计学的角度来分析,"甲壳虫"汽车的成功完全是功能主义的产物,也符合当时的消费潮流。20 世纪 30 年代的欧洲,小车刚刚步入普通大众家庭,从 1886 年 1 月 29 日,卡尔·本茨为其研制的三轮汽车申请专利算起,虽然人类制造现代汽车的历史已经有半个世纪,但当时大多数汽车在走豪华路线,汽车一直都是奢侈品。因而,高大气派是少不了的,外形矫饰、装饰富丽,高昂的造价抑制了汽车走进普通家庭的脚步。大众反其道而行之,车体除了紧密的包裹住人和内部构件之外不留太多的余地,圆弧的顶部造型增加了汽车中部的高度,提高了乘坐的舒适性,同时,减小了风的阻力。娇小的车身自然带来超短的轴距,而超短的轴距带来更好的通过性。驾驶时由于人的乘坐重心较低,从而增强了车行驶时的平稳感,关键的是它低廉的造价和节油性使更多的人能够拥有它。它功能优越、造价低廉、风阻系数小,行车平稳,车速高、油耗低,技术上被证明是惊人之作。"甲壳虫"轿车创造了连续三十多年不衰的销售业绩,为大众公司带来财富的同时,也深深地将美好的生活记忆印在那一代人的头脑中。

"甲壳虫"另外一个成功的秘密可能在于其独特的造型。20世纪五六十年代，欧、美汽车将空气动力学引入汽车制造领域，流行极度夸张的流线型，它们一个个长得像宇宙飞行器，巨大的尾灯和排气管像火箭的助推装置，尖凸的汽车前脸仿佛危险的武器，一点也不安全。它们大多数装备有大排量发动机，非常费油。就这样，"甲壳虫"完全不同的设计理念带来独特的外观，它不雷同于当时世界上任何一款汽车，造型仿生，娇小而可爱，它是那么的与众不同，因此，"甲壳虫"能够成功地走进千家万户应该是历史的必然了。

"甲壳虫"轿车产生于第二次世界大战前，却发展于第二次世界大战之后。在经历了第二次世界大战这样一次人类大磨难之后，人们比任何时候都更加清楚地认识到生命的可贵，开始注重自我感受和生活质量，蔑视权贵，离经叛道。嬉皮士、波普艺术、摇滚乐都发起于"二战"后经济复苏时期，"反文化传统"和"享乐主义"的"嬉皮士"运动在20世纪50年代蓬勃发展。"嬉皮士"运动虽然在发展的过程中虽然包含了一些负面的因素，但它的核心是宣扬爱、自由、和平等。"甲壳虫"车取自英文单词Beetle，而"嬉皮士"运动中著名的"披头士乐队"则是The Beatles，所以又称"甲壳虫乐队"。或许在那个时期，"甲壳虫"汽车代表一种没有阶级差别的大众汽车，和"披头士乐队"没有阶级差别的音乐在精神层面是相通的，所以才能为大多数人所喜爱。另外，要说嬉皮的话，没有比大众"甲壳虫"独特的造型更嬉皮的了，它那特殊的形态本身就体现着某种独特的美学趣味。

德国大众"甲壳虫"汽车和"披头士乐队"，他们都代表着反叛、成功、经典与流行。德国大众的"甲壳虫"汽车，不仅代表了战后人们想从绷得很紧的社会压抑中解放出来的反叛情绪，更作为一种自由和民主的文化符号融入了德国人的精神。此外，"甲壳虫"逆文化主流的美也得到了全世界嬉皮士们的追捧，尤其对那些很关心价格及希望通过汽车来展示其个性的年轻一代来说，"甲壳虫"就是其"家庭的一员"。

从阿道夫·希特勒1933年对"国民用车"的描述里可以确定，是基于功能主义前提和要求下的设计理念缔造了"甲壳虫"的不朽神话。功能主义是现代主义设计的信仰和教条。在工业革命之初，设计和制造的根本目的就是保证良好的功能，现代主义设计反对与功能无关的任何多余装饰，并认为"功能决定着形式"，形式产生于满足功能目的之后的合理性和科学性，在这条合理性道路上奔走的现代主义也最终创造了机器美学。世易时移，对于今天这一强调消费个性化的时代而言，功能主义追求设计的合理性和反装饰观念会造成产品造型的单调、乏味和千篇一律。因此，功能主义为后现代主义设计的崛起提供了反面例证和批评动力。然而，后现代主义设计永远不可能摆脱现代主义设计的影响，就像我们自始至终无法抛弃造物的功能一样，所以，目前对后现代主义设计比较公认的解释仍然是"在现代主义的基础上加上一点别的东西"。

岁月流逝，在"甲壳虫"伴随着成长的普通大众眼里，它或许是一个平民化的超级明星，频频出现于当时及而后的影像资料和记录中。它随着影像的主题不停地变换着身份，一会儿是美好家庭生活的见证者，一会儿又是纳粹分子身边小丑般可笑的帮凶；一会儿载着美丽的爱情跨越高山、出逃尘世，一会儿又吟唱于乡间故道回归家园。"甲壳虫"在影像的长河中风情万种，长时间地影响了无数的人。一代名车连同对美好生活的向往也就留在了一代又一代人们的心中。"甲壳虫"汽车在经历历史的锤炼后更显旺盛的生命力，作为汽车行业的经典和传奇，早已成为经典文化的象征符号。经典造就永恒，永恒锻造品牌，品牌消费的历史产生记忆，产品记忆成就"品牌忠诚"。

"品牌忠诚"指消费者对某一品牌具有特殊的嗜好。其作用于消费者而言在于可以方便产品选择，缩短消费者的购买决策过程，既节约了时间，又保证了质量和品位；于企业而言在于通过消费认同提高产品销售量。因此，产品营销的重点在于提高"品牌认同"，促进"品牌忠诚"。那么如何促使消费者养成对品牌的特殊嗜好呢？当我们回首生活就会发现一切都是由记忆来构成的。从现代营销学角度出发，发掘消费者心中有价值的记忆就可能发现新的产品诉求点。因此，消费心理的研究不可能越过消费者的生活记忆，当然生命个体的生活记忆是极其纷繁复杂的，不同个体之间因生活经历的相似或者会有相同的生活记忆，这一部分就构成记忆的共性。

"甲壳虫"是多半个世纪以来人们共同的记忆。因此，当大众推出新一代"甲壳虫"轿车时，能引起巨大的关注似乎是必然的。1998年，在阔别市场13年之后，大众汽车重新推出了全新打造的新款"甲壳虫"。新"甲壳虫"的外形依然满布当年的风采，娇小的身体、可爱的造型、亮丽的色彩、动感的线条再加上与时俱进的性能，复古中充满着时尚的感觉，它甚至有些另类，成为年轻一代的新宠，再一次获得全世界的关注。2003年，在墨西哥生产的新大众"甲壳虫"敞篷汽车重返欧洲，在德国上市，进而重新走向世界各地，并取得不错的销售业绩，"甲壳虫"轿车借助品牌忠诚再一次怒放。（图67）

记忆造就的品牌忠诚进而会上升成一种文化魅力。所以，企业文化有时也具备社会化的象征内涵。比如，大众"甲壳虫"没有阶级差别的大众概念和嬉皮士文化；"Jeep"汽车所代表的征服和探索精神；"万宝路"的牛仔气质；等等，不胜枚举。

一个企业或一个产品所经历的传奇会引发消费者的记忆，记忆中的故事被不断地传诵会强化品牌的认同感，彰显品牌价值。因此，现代营销学非常重视产品故事的挖掘。一位意大利的品牌专家认为营销的前提是"只要准备好你的产品和故事，你就可以开始销售了"。的确，当物品的消费从功能性主导转向情感主导时起，最能让情感诉求方面得到满足的莫过于

图 67　2012 年，全新一代的"甲壳虫"轿车

故事了。20 世纪六七十年代的欧美市场证明的这一定律在目前的中国市场上被不断地重新证实着。新的"甲壳虫"在中国市场销售不错，或许它早已不是当年那个功能良好、外观独特、价格低廉的大众代步工具了，而成为既另类又复古，既前卫又不乏品位的产品代名词，它甚至高于"宝马Mini"的价格，但是那又怎么样呢？新一代的"甲壳虫"轿车可能只代表一种曾经梦想的实现和轻松生活的态度而已。

现代建筑中的传统诗意与哲学

——谈安藤忠雄的建筑设计①

随着科学技术的不断发展和社会的迅速向前，竞争日益加剧。我们每个人的心灵都要承受社会的紧张刺激和社会心理压力，东西方文化碰撞引起认知的失调；现代化社会生产及生活的快节奏造成的情绪紧张、焦虑；家庭结构、人口结构、住房结构、都市化生活带来的孤独与失落……我们栖居于钢筋混凝土构筑的现代建筑中，而灵魂却游走于城市和建筑之外。建筑作为艺术不应仅仅成为"居住的机器"，更应承载人类生活的诗意与理想。

现代建筑是工业时代的产物，随着工业化的产生而产生，随着工业的发展进步而成熟完善。进入 20 世纪 60 年代之后，现代主义在过分强调功能性原则的引导下最终教条化，其中存在的种种弊端也逐渐显露出来。现代建筑成为单调、乏味、司空见惯、缺乏新意、没有美感的建筑代名词。尽管如此，我们毕竟还未完全过渡到信息社会，工业时代还未彻底结束。受全球经济发展总体水平，尤其是地球空间有限而人口不断膨胀的环境现实的影响，现代主义总结出来的方式与法

---

① 原文发表于《装饰》2005 年第 12 期。

则在目前仍然被广泛采用，现代建筑在全球建筑领域仍然占主流地位。如何改变现代建筑冰冷、单调的面孔，使现代建筑结合审美的同时体现人文关怀与传统哲学思想，是激活现代建筑的关键。日本设计师安藤忠雄的建筑实践为我们打开了一扇清新的窗户，让我们透过这扇窗去窥视这些缔结人类诗意闪耀传统哲学光芒的优秀建筑。

安藤忠雄（Tadao Ando）1941年出生在大阪，中学时代就对建筑十分感兴趣，他从事建筑完全靠自学，于1962—1969年曾几次游历西欧及美国，随后在日本开设了自己的建筑事务所。安藤在建筑方面有非凡的天赋，对建筑也有着不同寻常的理解。20世纪80—90年代是日本建筑设计高度发展的时期，这一时期日本建筑在国际上的地位甚至有取代美国成为头号建筑设计强国之势。许多建筑师在这一时期开始在作品中尝试表现日本特色与东方精神，其中一部分建筑师走向完全重现及强调地方特色的复古主义；另一部分则成为新的和洋折中派，立足于"和"和"洋"在东西方文化的对立碰撞和融合中再构筑，以寻求新的组合方式；还有一部分则借用现代建筑的外衣表达日本的文脉与精神——体现内在的日本。安藤忠雄属于后者。

从安藤忠雄的作品分析，本质上讲安藤是一位现代主义建筑设计师，安藤试图把现代主义通过自身的实践发扬光大。他反对单调乏味的国际式样建筑，积极探索现代建筑形式上的多样性，这种多样性又与现代建筑中造型单纯、简洁、抽象、无装饰的手法完全统一。极度简洁是安藤作品的重要特征，安藤的作品受日本传统文化影响力图做到外观上的消隐与后退，简洁到只是方或圆与点或线的对比。熊本的墓碑博物馆，从外面看建筑完全潜入地下，在地面上仅能看到的是两个相邻下沉的圆及圆中心的短线，这种完全融入的手法使建筑外观完全以几何形式呈现，同时消隐在自然中让人产生没有任何建筑的空旷感。冥想厅则更加简洁，仅是长通道远端的一个圆顶柱体而已。这种看似简单的样式，安藤却在技术处理上下了很大的功夫，安藤对混凝土有特殊的感情，被业界誉为"清水混凝土诗人"。他把混凝土表面完全当抽象艺术看待，浇铸墙面时并模与拼板十分仔细，通常都在完成的墙面上还要喷刷一层硅树脂，用来防止酸雨对建筑的腐蚀。这样处理后的墙面看起来超凡脱俗，具有很强的雕塑感。

安藤认为建筑应创造"人的领域"，设计要体现个人意志，这是将建筑艺术化，带有很强的理想主义色彩。安藤早年以设计小型住宅而闻名于世，其住宅设计十分重视对人的关怀，常用混凝土围成厚厚的建筑外墙，这样就可以使住宅本体免受日益恶化的都市环境的侵扰，表现出对外界嘈杂的强烈抵御姿态。安藤认为"建筑师应关心理想的现实而非创造一般性的舒适空间"，在这种住宅理念指导下，安藤将日本传统的庭院设计引入住宅。一般地，混凝土包围下的住宅都有一个天井，并精心布置，将自然元素巧妙地引入建筑，使人在建筑内能够感受到四季的变化，所有的门都朝向院内天井，并且重视居住者视觉上、心理上与外在空间的联系。

安藤的作品在现代外观下机巧地引入传统美学。日本人对自然有不同于西方的特殊看法，传统观念认为大自然的美能洗涤人们心中的污秽与芥蒂，面对自然可以使人的心灵得到净化，大自然在超凡脱俗、和谐平静之中蕴含着禅理，潜心观察体会就有可能"顿悟"禅机，这种顿悟是在和自然的和谐相处中获得的。这种带有浓厚佛教色彩的自然观曾久远而深刻地影响了日本的传统建筑，安藤的创作观深深地根植于这种自然观之中，他力图使自己的作品融入自然并成为其中有机的一分子。淡路岛的荷花寺庙（又名水御堂），是一座依坡地顺势展开的圆形佛教建筑，在毗邻圆形的东北方向有一段弧形围墙，这段围墙像屏风一样展开，将水御堂包围其中。水御堂的圆形屋顶中满植荷花。荷花在亚洲是一个古老的象征，在印度的宇宙进化论中，荷花是所有生命的发源点，在佛教中演化为自我创造精神的代表，中国、日本的佛教中的佛、菩萨都是坐于莲台而普度众生的。经过荷花塘的一段平坦小道，在花池中心荷花寺庙的入口展现于眼前，进入寺庙的过程是进入花池并潜心向下的过程。静寂、诗意、枯淡的宗教气氛在建筑中得到了很好的渲染。(图 68)

图 68　淡路岛的荷花寺庙，圆形屋顶中满植荷花

在日本传统哲学观念中，"神"和"物"是永恒的，灵魂轮回永生不息而生命过程却是短暂的、脆弱的。安藤力图在建筑中探讨日本的哲学世界，并追求建筑艺术的永驻性，姬路文学博物馆正是在探索一种不朽的建筑艺术。这座建筑是献给日本著名哲学家和迁哲路的，它位于姬路城堡西北向 500 米的南山脚下，博物馆周围是宁静的居住区，姬路城堡是这一地区的标志性建筑，安藤力图使文学博物馆与姬路城堡相协调，并形成遥相对望的呼应。姬路文学博物馆由两个立方体构成，与荷花寺庙相仿佛的是一个立方体由一个半径 20 米的圆柱体环绕，沿着柱体的弧形墙旁是坡道，建筑与周围的道路广场的关系十分和谐，旁边也有人造池塘。姬路文学博物馆的外饰面是安藤常用的粗糙混凝土、大玻璃窗及平滑的墙面，完全以现代手法做成。整个建筑造型新奇而不怪诞，静谧中体现出沉思的宗教气

息，既体现了东方的神秘又表达了"内在的日本"，悠远浓厚的文脉气息与哲学含义加强了建筑的永驻性。

在东方天人相合的自然观引导下，日本传统建筑体现出谦逊与淡泊的品质，日本设计师常用"无形"的隐性特征来表达精神与气质。安藤认为教堂内的空间必须有使人精神得到净化的感受，光的变化造成的虚无会使映像充满神秘色彩与神圣感。西方中世纪的哥特式教堂采用尖顶拱门与繁复的装饰，进入室内，窗户上的玻璃镶嵌画使光线的透射五彩而神秘，直插云霄的尖顶，使祈祷者有理由相信灵魂可以通过教堂的尖顶而飞升，并接近上帝（神与我同在）。安藤忠雄设计的大阪光之教堂，在教堂墙壁上开了一条十字空隙，室外光线通过缝隙透射室内，光的倾泻、挥洒与变化有利于形成多重情绪感应，与中世纪的哥特式教堂一样光在此有一种神圣感，并使人们的内心与神的世界相关联。（图69）

1979年，桢文彦在《日本城

图69 光之教堂，光的倾泻、挥洒与变化形成多重情绪感应

市空间的奥》一文中提出"奥"是日本特有的空间概念。日本有着不同的丰富空间形态,"奥"的特点是通过一层层的"膜",形成多层次的空间境界,少里见多,使较浅的空间取得深邃的感觉,这种深层次的中心空间表示的即是"奥"的概念。"奥"是深邃的,深邃的空间如同深邃的哲理,同时也是神圣的心理空间。实际上,安藤在大阪光之教堂中开辟的十字架缝隙即可看作是一层"膜",与室外的"膜"不断叠加形成"奥"。安藤的建筑在设计中一贯十分注重视觉的深邃性、不间断性与通透性,"奥"的概念体现在其很多作品中。

日本传统建筑受中国园林建筑影响,也强调"可游"的特点,游走于建筑空间的过程是静心体会的过程,是发现与心灵感悟的过程。为强化这种心理体会与暗示,东方传统建筑常常通过设计有意制造空间上的层次与秩序。"庭院深深深几许",谈的既是空间深度同时也是心理深度,安藤忠雄在北海道的水之教堂的设计上充分体现了这一东方特点。水之教堂建在经过水面修整的水边,教堂由两个相互咬合的正方体组成。安藤为观者设计了一条游走路线,沿着一堵 L 型墙体前行,此时只能听到墙内的流水声,入口处看到的是一个约 10 平方米的玻璃体围绕着一个混凝土的十字架立方体,绕过立方体,走过一段弧形楼梯进入下面的教堂,此时映入眼帘的是隔着大片玻璃墙的水面及远处的山峦,一个钢十字架静静地伫立在水面,室外四季的景色变化都成为教堂的一部分。(图 70)

安藤忠雄的建筑外饰由混凝土包围,他把大量的情感注入室内,且非常注重空间组织,他认为建筑不应是单纯地创造形象,更重要的是构筑空间。安藤在室内材料应用方面十分广泛,如钢、玻璃、混凝土等,但首先是木。日本人对木材有着特殊的感情,在日本人看来,木有枯有荣,有生有死,与木共处可达天人合一的境界。安藤在室内人手、脚可及之处大量使用木材并将木制品涂成暗灰色,古朴中透出寂静与禅意,混凝土通过处理,表面也闪现着木的气息。光在安藤的室内往往出人意料,他更多地将

现代建筑中的传统诗意与哲学 | 211

图 70　水之教堂，大玻璃幕墙室外景色变化成为教堂的一部分

光看成阐述建筑的手段或建筑本身。根据不同的需要，安藤总是巧妙地制造光与影，既作为追求变化之美的手段，同时也表达了"虚无"与"禅

意"。

安藤忠雄讲"建筑总是由规定的和不被规定的事物组合起来的",规定实质上指功能与形态的理性统一。不规定实质上指精神,而精神是因时易地而变的。对于生命个体而言,居住的愉悦往往来自后者。安藤的建筑形式上完全从属于现代主义,因为设计的独特与巧妙而具备一定的异常性。安藤忠雄在建筑中没有使用任何传统元件,却成功地将东方的精神气质用现代手法体现出来。生活在变,而文脉、传统与精神却在延续,延续在安藤的现代建筑里。

参考文献:

①安藤忠雄著,白林译. 安藤忠雄论建筑 [M]. 北京:中国建筑工业出版社, 2003: 1.

②王受之. 世界现代建筑史 [M]. 北京:中国建筑工业出版社, 1999.

③刘小波. 安藤忠雄 [M]. 天津:天津大学出版社, 1999: 3.

密斯·凡·德·罗座右铭"少即多"含义浅析[①]

密斯·凡·德·罗是 20 世纪最著名的建筑大师之一，包豪斯设计学校的最后一位校长，他的建筑理论和设计实践对现代主义设计运动的发展和完善起到了重要的促进作用。尽管"现代主义设计以知识分子的理想主义和民主主义为思想基础"[②]，但是密斯本人并不关心政治，他对建筑本身所投入的热情远远超过对理想社会的讨论。他以"少即多"为座右铭，秉持这一理念走完了自己辉煌的一生，密斯的理论和设计实践对其后的建筑设计和都市面貌都产生了无法估量的影响。

"少即多（less is more）最早见于英国诗人罗伯特·布朗宁（Robert Browning）于 1885 年所著的诗篇 *Andrea Del Sarto*"[③] 用来讽刺意大利文艺复兴时期的画家安德烈亚·德尔·萨托（Andrea del sarto）缺乏灵魂的作品。而在密斯的语境中，其语意却发生了颠覆性变化，"少即多"中的少和多是一种平等置换关系，即少可以替代多，或少可以胜于多。密斯借这一格言时刻提醒自己，建筑设计必须立足时代科技现实，以理性的方式凝练结构，净化建筑，创造现代建筑美学的新形式；以满足功能为前提，去

---

① 原文发表于《建筑设计管理》2012 年第 4 期。
② 王受之. 世界现代设计史 [M]. 北京：中国青年出版社，1996：110.
③ 参见 http://www.sparknotes.com/poetry/browning/section10.rhtml.

除各种无关紧要的附饰因素，创立合理、高效、舒适的科学空间；坚决反对装饰主义的各种浮华审美趣味。结合其设计实践，笔者认为可以从以下几个方面去理解"少即多"的深邃含义。

一、"少即多"简化了建筑的结构体系，去除了多余的视觉杂音

在工业革命之前，建筑主要的材料还是泥瓦石，建筑的空间被结构完全制约，其后，随着工业化的深入发展，钢铁、玻璃替代泥瓦石逐渐成为一种趋势，密斯清晰地看到了科技进步的长远意义，认为建筑本身最重要的价值就是能够反映出特定时期推动时代发展的力量，坚信"建筑是表现为空间的时代意志"①，因此，他一直致力于将这些新材料和工业化的建筑方法应用到他的设计之中。

密斯坚持用时代的方法，按照任务的性质设计建筑，是一位坚定的功能主义者。在他看来建筑的形式是一切功能满足之后自然呈现的结果而不是目的，功能决定着建筑结构，结构才是建筑的基础，最终决定其形式。密斯还认为结构本身是"时代精神特征最忠诚的卫士，是客观的事物，不会被个人性格或幻想所影响"②。这种极其理性的观点使结构在密斯的建筑词汇里上升成一个哲学概念，统治着建筑及其一切附属物，他眼中的时代建筑应该从顶部到底部，乃至每一个细节都贯穿着这样的理念，因此，表达清晰的结构成为建筑设计最重要的任务。"少即多"的基本语意就是凝练建筑结构。在这一观点指导下，密斯将与结构无关的所有因素一减再减，最后，只剩下有效的形式——竖的承重立柱和横的分层平面成为建筑的生命，去除了所有不必要的视觉杂音，突出了形体结构的比例感和空间美，体现出一种简约的典雅和深刻的精致，和温克尔曼对古希腊雕塑的著

---

① 奚传绩．设计艺术经典论著选读［M］．南京：东南大学出版社，1996：164．
② 《大师》编辑部．密斯•凡•德•罗［M］．武汉：华中科技大学出版社，2007：13．

名诠释"高贵的单纯,静穆的伟大"相仿,密斯的建筑以理性的方式暗示了古典主义美学精神。

总体而言,密斯属于美学至上的设计师,只不过他使用工业时代的材料和营造技术,以高度的理性赋予建筑严密的逻辑,同时也赋予它们很高的美学品质,为工业时代的居住模式提供了新思路,为现代人的安居梦想提供了新方案。"少即多"的设计理念使密斯不重视形式却创造了全新的形式,不提倡个性却满足了大多数人对个性和情感的诉求。

作为摩天大楼的缔造者,早在第一次世界大战之后,密斯就已经开始对其进行深入研究,并且建造了两个四周都被玻璃包围的塔楼模型,其中一个就是他在1927年参与竞标的腓特列大街摩天大楼。当时,这一革命性的提案就获得了批判性的赞扬。在这两项研究中,密斯发现,用玻璃做外墙,既可以使外墙的重量降低到最低限度,同时,"巨大而十分动人的钢架结构也不会被混拼乱凑无意义琐屑形式所埋没"①,并且得出玻璃表皮覆盖的摩天大楼,其曲线轮廓的视觉效果由三部分因素决定的结论(即建筑物内部充足的光线,街道上看到的建筑体量以及光线的反射趣味)。而传统石材建筑中十分重要的光影效果,对于玻璃则没有意义。密斯的结论无疑是十分正确的,这使得他在以后的设计中得以做出正确的选择,外墙成为包裹结构的简单表皮,不再需要高低起伏来营造光影效果,却以数学的方式精确地划分成一组组规格完全相同的块,紧随着建筑的结构,通过精巧的构件和框架完美地结合在一起,进一步强化了建筑外观的简洁性。

密斯建筑简洁的外观和他对建筑表皮处理手法的单纯性密切相关,而这种单纯的表皮处理方式根源于他对新建筑强度和重量之间关系的革命性理解。他认为现代建筑与传统石砌建筑营造方法完全不同,石造者以垒砌为基本方式,石材越重,建筑越坚固,现代建筑重力支持完全依靠承重的

---

① 奚传绩. 设计艺术经典论著选读[M]. 南京:东南大学出版社,1996:62.

立柱，因此建筑总的质量越轻，承重柱所承受的压力也就越小，建筑本身则越坚固。在这种观点指导下，密斯将建筑的表皮精简到最单纯的限度，大量使用玻璃，摒弃所有的装饰因素，精简不必要的结构配件，方方正正的玻璃总是干净利落地和框架精密地结合在一起，就像自然生长出来的一样。在高层建筑中，这样的表皮最能显示整齐划一的视觉效果，形成节奏感和韵律感。同时，小型建筑也要最大限度地显示结构之美，例如，被玻璃完全包围的范斯沃斯住宅，亚瑟·卓克斯勒是这样评价它的："住宅是由三个水平元素构成的：一片地面，一片地板，一片屋顶……范斯沃斯住宅是被一片屋顶和一片地板捕捉到的空气。"① "少即多"的理念使密斯的建筑外观简洁到不可能再减的地步，而建筑的结构却更加合理，也更加美观。（图71）

图71　范斯沃斯住宅的四季变化

---

① 《大师》编辑部. 密斯·凡·德·罗[M]. 武汉：华中科技大学出版社，2007：165.

二、"少即多"减少了空间限制,丰富了建筑的功能

当沙利文"功能决定形式"的理论成为现代主义的金科玉律时,如何准确地捕捉到功能成为摆在现代主义设计师面前的又一道难题,因为人的需求总是不断变化的。密斯认为功能是随时代而变化的,而建筑的形式一旦被严格地确立起来,就不能被轻易地修改,因此,创造灵活的空间成为现代建筑的重要趋势,对空间定义和分类时,应该抓住本质的东西后予以最大的灵活性。密斯设计的建筑多使用承重钢梁结构,这样就把空间分割元素和结构元素分割成两个完全独立的系统,为空间的自由处理奠定了先决条件。继弗兰克·赖特提出的"连续性空间"之后,密斯提出"流通空间"的概念,以后他所设计的一系列作品使这一概念逐渐清晰。

1923年,密斯为一座乡村住宅设计了完全自由站立的墙面,墙壁以独立承重自由站立的方式放置,住宅内部没有一处完全闭合的地方,空间作为整体是通透的、流动的,隔而不离。1928年,设计吐根哈特住宅时密斯将"流通空间"进一步深化,墙壁从结构的限制之中被释放出来,它们不再承受重力,完全作为空间分割元素被自由地安置在开放的结构性骨架之中。至1929年的巴塞罗那国际展览会中的德国馆,流动的空间设计与整体风貌体现出前所未有的完美性。该馆是一座由8根截面为十字形的镀铬钢柱支撑的平顶屋,隔墙以玻璃和大理石为材料,可以自由摆放,为了进一步强化空间的可流通感,隔墙摆放时与承重钢柱之间有意地留出几英寸距离,它们相互独立,丝毫都不连接。整个建筑表达了清晰的逻辑和明确的结构,干净,利落,毫不含糊,给人以清新明快的美感。墙体构成手法更加新颖,既有独立布置的,又有穿插交汇的,错落有致,还有的甚至延伸到了平顶之外,营造了流动的、贯通的、隔而不离的空间,也打破了室内和室外的界限。同时,革命性地重新定义了门和窗的概

念，这种流动空间创造了前所未有的全新形式，体现出高度的美感，但它又是理性的，秩序的，实用的。（图72）

图72 密斯1929年设计的巴塞罗那国际展览会中的德国馆，流动的空间设计与整体风貌体现出前所未有的完美性

密斯所设计的"流通空间"建筑无一例外，都具有精练的形式，隔墙无论使用何种材料都极少附加装饰，且以几何形为主，非常简洁，体现出与建筑总体特征的高度一致。减之又减的结果最终使"墙"的形式更加单纯，却承载着更多意义。它他们往往既是限定性要素，也是参与性要素；既在功能上必须，也在视觉上需要；既体现西方理性色彩，又具备东方的妙思智慧。这些使的"少即多"的理念进一步深化，内涵更加丰富。

密斯经常将空间划分为私密空间和开敞的空间两种基本形态，为了增强开敞空间的灵活性，在"流通空间"的基础上继续发展，并逐渐形成"纯粹空间（全面空间）"的概念。密斯认为在一个空间中经常会有一个或更多相关活动，这些活动可能会相互关联结合在一起，所以提供一个更大、更为开放的内部空间是一个行之有致的解决方法。"全面空间"打破各种西方古建筑流派对空间的定义限制，以减少的手法将隔墙完全移除，留下一大片空间整体，这片空间中甚至是没有立柱的，一些附属但必不可少的功能空间，如洗手间、技术用房，都与主要的空间分割开来，这样我们就可以根据活动需要将其改造成所需要的形式。密斯对"全面空间"的实验是全方位的，既有1950年开建的伊里诺理工学院的克朗楼这样的大型空间，也有范斯沃斯住宅这样的小面积住宅。"全面空间"好似极少主义的绘画，因将空间中不必要因素全部剔除干净而体现出一定的绝对性。绝对的单纯，绝对的洗练，却承载了更丰富的使用功能以及美学因素，"全面空间"完美地体现了密斯"少即多"的理念所倡导的建筑精神。

三、以少胜多的关键来自考究的细节处理和丰富的视觉体验

在密斯看来，"建筑始于两块砖被细致地连接在一起"[①]，他以极其严

---

① 《大师》编辑部. 密斯·凡·德·罗 [M]. 武汉：华中科技大学出版社，2007：14.

谨的方式对待每一件作品。因为他的设计没有一点多余装饰，所以，每一个水平的面和每一条垂直的立柱都关乎建筑本身的强度和形式美感。在他眼里精确施工对建筑的影响是致命的、根本性的。他对细节的考究达到了近乎苛刻的程度，甚至认为预制的钢柱在运送到建筑工地之后，都应该重新度量以确定其尺度是否精确，这种精益求精的态度使密斯的建筑进一步简化，也更加严谨，考究得不可以有一点点变动，体现出某种超凡的品质和特殊的魅力。

密斯简约、明了的建筑中处处体现着时代技术成就，结构统治着建筑，但细节却决定着成败，对密斯而言"细节就是上帝"。其建筑的每一个构件和细节都以简单、合理、高效的方式体现出精确和雅致的美学品质。无论是巴塞罗那的德国馆还是范斯沃斯住宅，无论是一片玻璃还是一根钢柱，甚至是它们的每一条边线，都处理得规矩而考究，简约而不简单，体现着工业时代的伟大技术成就，闪耀着材料自身的美感，具备视觉上的细腻性和丰富性。在巴塞罗那的德国馆中，大理石的艳丽条纹；含蓄的染色玻璃；镀烙钢柱闪耀的清冷之光与柔软、华丽的动物皮毛互为映衬，美不胜收。"少即多"告诉我们在那细节的王国里，哪怕是一个点也可以体现时代的技术水平，一条直线也有高低和优劣之分，一个平面也有规矩、方正之别。

密斯没有装饰的建筑形式，工业化的建造手段，通透的空间，完美的细节为建筑的使用带来便捷性，非常符合工业社会和现代都市的较快生活节奏，包含高效、民主的时代思想内核。"少即多"的减少主义法则利用了伟大的时代技术，创造了更加安宁、平静的生活空间，开创了现代工业建筑技术和美学完美结合的典范，创造了现代生活的舒适性模板。

四、余论

19世纪20—30年代的欧洲，工业化虽然已经被看作是历史进步的必然，但是，浮华的装饰设计仍然被大部分人所钟爱，1925年由于埃及考古大发现而引发的装饰主义风潮仍可以涌动全球。工业生产如何与美学结合像一座无法跨越的高山摆在所有的设计师面前，密斯"少即多"的理念不仅解决了这一难题，还创造了符合时代要求的，拥有梦境般结构和诗意线条的全新建筑形式。"智者创物，巧者述之"，密斯的建筑理念引领了时代潮流，推动了建筑创新，从密斯的作品出发，其座右铭"少即多"是创造者的格言。

在技术更加发达、物质更加丰裕的今天，新材料不断涌现，人们对建筑的要求早已不是简单的"居住的机器"，而是要满足"诗意栖居"的生活梦想。当前，很多所谓的"现代建筑"仅仅是对密斯建筑形态的简单模仿，并没有真正理解"少即多"所承载的深刻内涵，和密斯所倡导的建筑精神其实是背道而驰的。

Low–Fi 设计中潜在的绿色概念[①]

Low–Fi 就是 lowfidelity，即低保真的缩写，首先发端于 20 世纪 80 年代末和 90 年代初的前卫音乐。一群没有钱购买先进音响设备的青年，以低技术、高情感的原生态音乐在摇滚乐坛风行一时。稍后，Low–Fi 的观念与方法迅速地渗透到其他艺术领域中，并且形成固定的美学观念。这个流派的美学是低成本，自我操作，追求原始生涩的美。

信息时代，随着技术的飞速发展，设计也越来越多地依赖高新技术。而今，就连最普通的设计项目都成为设计师炫耀技术的阵地。对高技术的过分迷信与依赖导致设计背离其本质，创造力下降。同时，常常小题大做造成物质与能源的不必要浪费。在环境问题日益突出、设计规范问题广泛得到重视的今天，仔细地研究 Low–Fi 低成本行事的理念，就会发现其中含有诸多的绿色设计概念。

实际上，低成本不等于低水平，作为一种美学观念支配下的设计思维，Low–Fi 自然十分强调和重视作品的质量与设计品质。在提高设计品质方面往往从设计本身入手，要求发挥设计的巨大潜力，借助与自然相和谐的设计因素，巧妙地利用传统工艺、随手可得的材料、有限的自然资源与

---

① 原文发表于《装饰》2005 年第 1 期。

能源进行设计、回避不必要的复杂技术。(图73)

图73　低成本观念支配下的室内设计

一般情况下，在设计物化为产品的过程中，占成本比例最大的是原材料，Low-Fi要降低成本，就要寻求相对廉价易得的材料，毫无疑问，废品再利用是首选方法。为了节约成本，Low-Fi往往利用工业废品进行再设计，化腐朽为神奇。美国新墨西哥州的"泥土之舟"生态住宅，在废弃的轮胎中塞入泥土，使之成为一种独特的"砖"，再利用这种"砖"建造墙壁，部分墙体中结合了废旧的铝罐、玻璃瓶等日常生活中司空见惯的材料。整个建筑像一件拼贴艺术品，不仅充满了颠覆色彩和幽默感，看起来也非常具有后现代感。"泥土之舟"还充分利用自然手段降温，通过太阳能供给热水。这些都大大地降低了使用过程中的能源消耗，使得整个建筑从设计到使用都十分具有生态感。(图74)

除废品再利用外，就地取材也是Low-Fi设计常采用的材料选择方法，这样首先可以节约成本，避免运输过程中的燃油污染；其次，材料的生产地在占有资源优势的同时，也往往具有对该材料的加工优势，设计实施完成后，作品与当地的自然环境形成一种天然的和谐关系。在资源贫乏的日本，稻草是一种传统包装材料，新一代的日本设计师用稻草捆扎鸡蛋的包装设计获得国际声誉。此外，日本设计师还用稻草为原材料做清酒的包装，制作一次性快餐盒，这种设计独特而有个性，经济实用而且环保，体现出绿色设计的因素。（图75）

图74　低成本观念下的再利用设计　　　图75　低成本观念下利用天然材料的包装设计

Low–Fi 设计强调使用传统材料，因为传统材料价格较低，容易掌握，容易加工，设计师要做的是通过设计进一步挖掘材料的形式美感。实际上，人类对每一件新生事物的认识都有一个不断深入的过程。正如燃油污染大气，塑料和发泡制品不可降解，氟利昂会破坏大气中的臭氧层等，这些都是在该材料被广泛应用并造成严重的环境问题之后，其危害性才被人们充分认识到的。站在现在未必看得清楚未来，但看过去却一目了然。我们对传统材料负面作用的认识已较为充分，这样一来，就可以通过设计（尤其是考虑生产、消费、回收全过程的设计）把产品带来的环境污染控制在最低程度，从而大大提高产品本身及产品使用过程中的安全性和环保性。

炫耀高技术的设计通常会使设计语言过于啰唆，装饰过于烦琐。古代有"买椟还珠"和"秦人嫁女"的故事，都是以文害质的生动事例。过度繁复的装饰造成的浪费是惊人的。近几年，每年中秋节前都要兴起的"月饼大战"便是典型的例子。一盒重量在 1000 克左右的月饼，经过超豪华的包装设计后体积庞大不说，价格更是高得惊人，数百元、数千元甚至是上万元，而其中供人食用的月饼又能值几何呢？

Low-Fi 强调自我操作，在设计制造中表现为使用简单的工具或传统的方式进行制作使得同一设计目标常常有多种工艺流程可供选择，与日常生活相关的设计中高技术、高投入、大制作往往造成高射炮打麻雀似的浪费。设计的核心与灵魂是创意，设计是要创造高情感、高体验、高附加值的产品。玩弄金钱与技术往往是设计过程中创意思维枯竭之后的无奈举动。意大利设计享誉世界一个十分重要的原因是意大利的产品制作与传统手工艺有千丝万缕的联系，正是传统手工艺与机器加工相结合才体现出设计的高品质。著名的"阿莱西"公司其生产工艺并不复杂，在高技术泛滥的今天，"阿莱西"产品的定义为"机器帮助制作的手工艺品"，正是这种简单传统的加工方式创造了全世界最好的厨房用品。

强调自我操作的 Low-Fi 设计，在加工方式上以单件或小批量生产为主，产品之间很少重复，这就使得产品有趣而富有个性。在国内，传统手工艺制品越来越多地受到人们的青睐，极具个性的艺术作坊和工作室不断出现。"谭木匠""食草堂"这些具有浓厚手工艺特点的产品正逐渐被大众接受。"谭木匠"的梳子以质地坚硬的天然木材为原料，完全以传统木工技艺加工完成，木材本身所呈现的色泽与纹理给人以生命的气息，使人产生怀旧的情绪和温暖的联想。"食草堂"的皮革制品也借用传统制作工艺，选用的牛皮不做分层切割处理，手工打孔缝制，并且保留缝合线，显得质朴粗犷，极具个性。Low–Fi 在追求原始生涩之美的概念下产生的作品除了视觉上显得厚重之外，一般都具有结实耐用的特点，即使用寿命较长。绿色设计中一个重要的方法就是通过增加成品的使用寿命来减少产品的总体数量，进一步减少资源浪费与环境污染，从而达到保护环境的目的。

  Low–Fi 设计的观念与方法表面上看似乎有逆历史潮流的倾向，但事实并非如此。Low–Fi 设计是在有限的条件下发挥设计的最大可能性，不断发掘人的无穷创造性和材料美感的设计深化活动。Low–Fi 在使设计回归设计本体的同时，关注我们生存的环境，其中潜在的诸多绿色概念是显而易见的。我们有理由相信，随着设计活动的深化，Low–Fi 设计中包含的绿色概念会不断地被挖掘出来并形成系统有效的生态设计法则。

虚拟工厂中的设计[①]

虚拟工厂是一种企业经营运作模式，是企业在占有品牌优势、核心技术优势、通路优势、设计优势的前提下，将耗时费力的生产活动按照一定的加工标准选择别的企业外包，在境外或异地劳动力相对廉价的地方加工生产而产生的。一般认为，虚拟工厂与传统经营模式相比有周期更短、成本更低、更易修改三大特点。20世纪末，美国通用汽车公司在虚拟工厂的基础上为整合资源，通过互联网建立了一个全球所有的虚拟工厂共享的互动技术平台，为虚拟工厂模式注入第四大优势——异地互动。

目前，在虚拟工厂经营运作模式下做得比较成功的企业主要集中在服装、食品、电子产品等行业中。这样做的好处主要体现在以下几个方面：（1）使企业职员人数大大减少，通过生产加工的外包与定点订制，使企业员工人数降低到最低限度。企业底盘的缩小，使企业更轻薄、更有弹性，组织管理相对简单明了，有利于内部沟通。（2）经营活动更灵活，在市场起变化或企业决策层决定开辟新的经营领域时，由于不存在庞大的生产工厂转型问题，调头与开辟新方向变得更加自由灵活。在多变的市场中企业能应时而动，风险抵御能力大大提高，发现新市场时，抓住机会的能力也

---

① 原文发表于《经济研究导刊》2006年第1期。

相应提高。(3). 加工费用更加低廉，众所周知，全球经济发展存在相当大的不平衡性。目前，南北差异继续加大，在众多国际品牌虚拟工厂和"贴牌战略"的运作模式下，中国成为世界上最大的加工制造基地。调查显示，在中国成品服装的加工费不足欧美发达国家加工费的七分之一。在国内，沿海与内陆劳动力市场也存在相当大的价格差异，国内加工业有逐渐由沿海经济发达地区向内陆经济相对落后地区推移的势头。(4) 生产加工的外包可以使企业将更多的精力投入到新产品研发与通路开辟上来，致力于品牌锻造与推广，从而使企业始终处于行业领跑地位。一提起虚拟工厂人们立刻会想到戴尔、阿迪达斯、耐克等国际知名企业，在中国，美特斯·邦威的迅速崛起是虚拟工厂经营模式创造的又一典型成功案例。美特斯·邦威于1994年成立，成立之初以加工业为主，是典型的"前店后厂"式"温州特色"企业。1995年企业的销售额仅为500万元，同年企业认定连锁经营的道路，开始致力于开辟通路，至1996年销售额即达9000万元，是1995年的18倍。通过不断的通路开发与设计创新，美特斯·邦威迅速地变成知名品牌，并发展成为名副其实的虚拟工厂。2001年其销售额高达8.7亿元，2002年更是高达15亿元之多，如此骄人的成绩在前店后厂的"温州特色"模式下是难以想象的。美特斯·邦威没有自己的生产工厂，在上海、广东有100多家企业为其生产，销售方面，销售额的20%来自专卖店，80%来自特许经营连锁店，在全国有500多家连锁店在为其销售服装①，从美特斯·邦威的成功可以看出虚拟工厂的巨大发展潜力与广阔前景。随着时代的发展与经济进步，优势品牌为了争取到更多的市场份额纷纷涉足虚拟工厂，虚拟工厂经营模式不断地拓展于新的行业领域，如化妆品、饮料、食品甚至是汽车工业。虚拟工厂在新技术条件下的泛化与深入发展，由于社会大背景的变化而呈现出一系列新的变化，在这一系列变化

---

① 参见熊文. 虚拟工厂之道 [EB/OL]. http://www.zdnet.com.cn.

当中最重要的是设计地位的提升和设计本身出现的一些新动向。

一、虚拟工厂逐渐由核心技术先导变为设计先导

虚拟工厂在产生之初是以核心技术上的优势为先导的，这一点在电子产品领域中体现得尤其突出，技术领先是企业竞争的重要砝码。核心技术、通路、设计三大块中，核心技术是电子产品业构架虚拟工厂的前提，可以这么讲，谁掌握核心技术谁就会主宰行业命运。时光流转，世事渐变，进入信息化时代技术优势进一步集中，逐渐被个别企业所垄断。高度的技术集中使电子产品出现"技术同质化"倾向。以电子计算机为例，英特尔公司强大的技术研发能力使其在计算机芯片上处于绝对优势地位，并且完全商品化。对于其他的计算机品牌而言，技术变为通路中的一个环节，是一种出资购买的商业行为。吕乃基先生基于此，站在消费者的角度提出技术黑箱的概念。"黑箱指能满足需要的商品或服务，其中所含有的科技知识和其他要素被集成于某种框架之内，消费者仅知道或关心其价格和功能，而对如何制造出来或不求甚解，如同面对黑箱"[1]。电子产品业具有典型的黑箱特征，对于绝大多数消费者而言这一款计算机比另一款好，就好在速度更快，而不会去关心也根本没有必要了解其繁杂的工作原理与制造技术。电子产品领域技术上的整体进步使得产品及其配件体积极大地缩小，从而给设计师在外观设计上留下更大的发挥空间，这也促使设计竞争更加激烈。在虚拟工厂的经营运作中，设计与通路逐渐取代核心技术成为第一、第二要素，尤其是那些在现代科技条件下技术含量相对较低的行业和高科技行业中核心技术已经被"同质化"的行业，设计与通路成为企业生存、发展的命脉。企业的竞争主要是品牌的竞争，而品牌实质上是符

---

[1] 吕乃基. 论科技黑箱[J]. 自然辩证法研究, 2001 (12).

号学概念，剥开品牌的伪化外衣，我们就会发现设计与通路成为现代虚拟工厂模式下企业竞争的核心因素，设计上升成为核心生产力。

二、设计、营销出现一体化倾向

　　设计是一个不断演进的概念，在不同的时期有不同的内涵。工业时代"设计"同手工艺时代的"工艺"相对照，包豪斯以"艺术与科学技术的新统一"作为设计主导思想，在这种强调功能的理性设计观念指导下，设计的意义在于"解决造型质量"。随着经济的发展、需求的变化，后工业时代设计的意义逐渐演化为"破译满足我们需要的无声的激情"①。从现代主义的"功能决定形式"到青蛙设计公司提出的"形式追随情感"，消费的情感性特征成为物质丰裕时期的主要特征。人性化设计、体验设计、情感设计的概念也随之而生，要"破译满足我们需要的无声激情"就要求设计行为必须以研究大众的需求心理为前提。

　　"好的设计就是好的交易"，IBM的这句名言似乎更适用于虚拟工厂，虚拟工厂要求设计对消费必须保持十分强的敏感性。马斯洛需求层次论指出人类的需求分为生理与心理两大层面，经济的飞速发展使个体收入差距进一步拉大，消费需求呈现多元化，市场因需求层次的不同而细化。同一产业在不同消费观念的带动下被分割，市场细分自然而然地为产品设计建立了区隔的概念。市场要求设计有更强的目的性和针对性，设计与营销紧密地融为一体。设计不再是单纯地设计产品，同时也是在设计通路与营销方案。实质上，此时的设计早已经被策略化了，设计本身在高端成为一个战略名词，是企业经营战略的重要组成部分。

　　让我们从设计项目的运作流程来了解一下设计营销一体化的倾向，

---

① ［美］布路鲁斯克莱斯顿. 清华国际设计管理论坛专家文集［C］. 北京：清华大学艺术与科学研究中心编，2002.

现代设计流程一般分为：(1) 问题概念化（包括市场与需求研究竞争分析；设计策略与概念方案）；(2) 概念可视化（包括设计方案与测试；法律检讨；材料与技术分析；成本分析与计划）；(3) 设计商品化（包括确立设计方案；法律保护；编制产品生产计划）。从现代工业设计的常规流程可以看出，设计在问题概念化阶段就已经开始，设计概念是通过对市场需求与竞争的调查、分析而确立的。概念方案实际上包含了对营销方式的设计，独特地销售、巧妙地销售显然都是设计的结果。

三、设计产生的新周期

设计与营销的一体化使设计在问题概念化阶段就已经开始，设计上升成一种策略，是企业经营的核心。与以前不同的是，此时的设计实际上已经被提前了。

在这种情况下，产品设计已经成为虚拟工厂经营运作模式中总体设计的一个环节，产品成形后的推广是产品成功的关键因素之一，任何一款产品都需要良好的推广，酒香也怕巷子深，虚拟工厂在培育品牌的过程中对视觉传达的重视程度是极高的。耐克公司于1971年由菲尔·奈特创建，今天，耐克已经成为全球最著名的品牌之一。究其成功原因，除了不断地设计新产品之外，更重要的因素得益于它的品牌创意与推广策略。"纵观其品牌成长过程，广告创意的制定始终围绕其品牌核心价值——人类从事运动挑战自我的体育精神"，耐克的广告力图将其品牌"物化为体育精神或人类征服自然的超越自我的象征"。为推广品牌，耐克在广告上做了巨大的投入，其特点是：高投入、大制作、明星造市、不断变化的多明星组合。通过持续多年的强大媒体广告支持，耐克"just do it"的企业理念也传遍世界的所有角落。

成功的设计要求设计师必须以使用者为着眼点，站在消费者的立场上进行设计，这就使得设计与服务的关系变得十分密切。服务跟踪最重要的目的是搜集使用信息，产品使用信息反馈是进一步优化产品设计或设计新产品的起点，质保卡、售后电话咨询不仅仅是体现企业对顾客的关心，也是搜集设计信息的重要组成部分。

在虚拟工厂致力于销售通路建设的过程中，专卖店与品牌特许连锁店设计显得举足轻重。店面是企业与顾客发生关系建立联系的具体场所，虚拟工厂下的专卖店与特许连锁店应该有三层功能：（1）建立关系，店面设计必须致力于联系，是企业与消费者联系的核心纽带，亲和力与广泛的认同感是好的联系的前提。（2）店面是品牌形象宣传的窗口，店面的环境设计，内部陈设布置必须致力于品牌宣传，店面是宣传企业形象的窗口。（3）店面是发现消费需求与消费情报的最佳场所，为再设计提供鲜活的情报信息，店面实际上也是一个情报中心，店面能搜集到本企业产品的使用信息，甚至也能搜集到竞争对手的相关信息。基于以上原因，店面设计必须在风格统一的前提下保持鲜活，新的经营理念需要让店面像一本杂志一样，每次光临都能给顾客带来新鲜感，设计激活店面销售，店面提升设计的精确性。

虚拟工厂经营模式下的设计从产品的概念阶段，到产品成形，到产品推广，到销售，到售后信息反馈，到形成新的概念，设计渗透到每一个环节当中，设计的周期被拉长并形成终点即起点的环绕形设计模式。

四、概念设计与设计创新是提高品牌知名度的重要手段

虚拟工厂经营模式下对设计的高度重视还体现在对概念产品的研发和对创新设计的高度重视上，与营销密切结合的设计是针对现存生态模型下的设计，而设计的本质属性是创造性，这就要求设计对生活的方向与品位应该具有一定引导作用，设计还应该探讨未来生活可能存在的方式与变化。

概念设计是对未来生态模型与需求的探索，概念设计在现阶段不一定实现或很难实现。而任何一种对未来的思考与假设对全人类而言都是相当有益的，概念设计处于设计的最前沿，概念产品的设计能力与研发能力最能体现企业体的综合设计实力。因此，任何企业想要处于本行业领先地位，都必须对行业产品的未来发展方向做一定程度的探索，这就是为什么在时尚业、电子产品领域中企业展示和推广的绝大部分是超前产品和概念产品。设计能力的高低显然是企业无声的广告，概念设计是提升企业声誉的法宝。位于北京朝阳区的"索尼探梦"是索尼开设在北京的一家体验店，展品大多数是索尼的概念设计产品，进入"索尼探梦"的人无不为索尼的设计与技术而倾倒，尤其是年轻人，在此，一次体验就有可能形成长久的购买忠诚。

设计创新是指创造出一种前所未有的产品形式，而这种产品在目前也具备一定的市场潜力，是符合大众需求的，同时也代表一定的市场方向。耐克想开发一款适合年轻人消费心理的运动鞋，在概念雏形阶段，耐克设计人员从蹦极、攀岩、滑雪、跳水、赛车等极限运动和极速运动中寻求设计灵感与设计元素，最终设计出了能够代表刺激和动感的新款耐克鞋，一经推出大受年轻一代的欢迎。同概念设计一样，创新设计也是企业设计能力的集中体现，概念设计、创新设计在培育品牌，提高企业的知名度方面有着巨大作用。

五、内部整合设计、委外设计、设计管理的出现使设计本身精细化

基于设计对虚拟工厂发展所具有的重大意义，虚拟工厂一般都有强大的设计团队，戴尔、阿迪达斯的产品设计在各自所处的行业中都占有绝对优势。尽管如此，对于大多数虚拟工厂而言，设计力量还显薄弱，通过设计外包与特邀设计将企业体之外的设计团队虚拟为自身的设计力量，是新情况下虚拟工厂中人员虚拟的新形式。

委外设计与内部整合设计是虚拟工厂经营中两种并行的设计模式，这两种设计方式互有优势与劣势，内部整合设计之优点有以下几方面："1. 大量产品需要设计时成本较低；2. 在公司内较易与其他部门协调；3. 设计师对公司的认识比较深；4. 具有与委外设计之间相互竞争的可能性。缺点是缺少创造力。委外设计之优点有以下几个方面：1. 少量产品需要设计时成本较低；2. 具有变换雇佣设计师之灵活性。缺点：1. 如变换设计师时工作缺乏连贯性；2. 太多工作时造成高成本；3. 与公司内部其他部门协调时具有高困难度。"① 设计成为核心生产力的情况下，产品外观与服装款式等许多设计相关因素也上升为企业核心机密，显然内部整合设计的保密性更高。虚拟工厂模式下一般不会将属于核心机密的设计工作委外，而形象传达与产品推广过程中存在大量的委外设计现象。有效的管理会提高设计的效率和品质，虚拟工厂下的设计所呈现出的重要性与繁杂性以及设计团队规模的庞大性，都要求虚拟工厂必须强调设计管理，这种管理又是具体情况具体对待的管理，是一种经过设计的管理。设计管理可以使设计活动从设计问题界定，到选择设计师，再到设计项目执行，所有设计程序都有序进行，寻找到最佳设计途径与最佳方法，使设计资源优化利用。

六、结束语

实际上虚拟工厂经营模式下，设计产生的新动向是多方面的，虚拟工厂运作的成功或失败都与设计有极大的关系。在崇尚个性、强调不同的后工业时代，造物与使用物都带有巨大的情感色彩，设计越来越形而上，也越来越重要，关心设计的变化其实即是关心生活本身的变化。

---

① 邓成连. 设计管理［R］. 2003 年 11 月在"中央美术学院"之讲义，2003.

创意不该忘记手绘[①]

计算机辅助设计的便捷性及其普及应用,使得设计的技术羁绊降低到了最低限度。电子计算机在造福设计行业的同时也使设计师逐渐对其产生强烈的依赖。如今,许多设计师已经彻底摒弃了手工绘图的方式,甚至完全丧失了绘画和动手的能力,尤其是年轻一代的设计师和设计院校的大学生。这也许是一个极其危险的信号,长此以往,或许会有那么一天,计算机真的可以钳制我们的思想,束缚设计师的创造力。

随着技术和经济的发展,设计过程中的分工变得越来越细,设计师的动手能力却在迅速衰退。设计活动是一项创造性非常强的工作,作为一种解决问题的特殊方式,创意是其灵魂。而好创意出现的过程,基本上没有固定的规律或模式可以遵循,它或许产生于苦思冥想之后,或许产生于心静如水的松弛之中,也可能是在灵感闪现的一刹那。历史上确实有许多卓越的设计创意就是灵感火花闪现的结果,正如菲利普·斯塔克设计的榨汁机"多汁的沙利夫"一样,其草图是作者在一家餐馆就餐的过程中偶然勾画出来的。(图76)弗兰克·赖特的著名的建筑流水别墅也是由匆匆勾勒在几张纸上的草图发展而来的。

---

① 原文发表于《美术观察》2006年第10期。

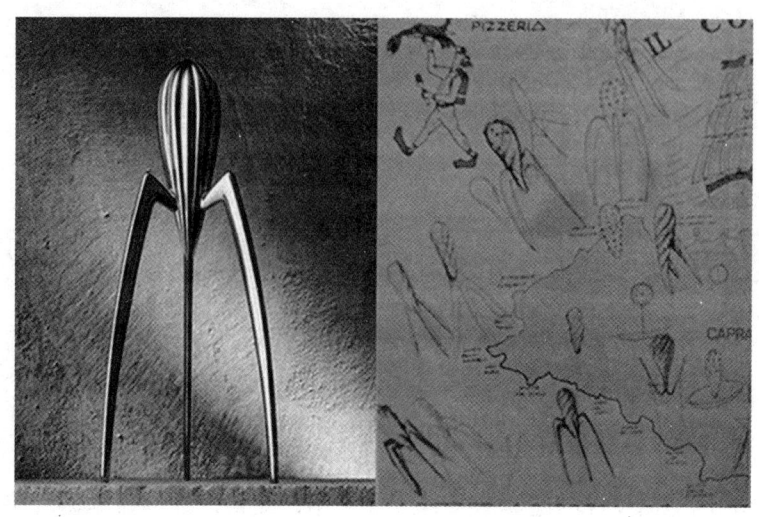

图 76　菲利浦·斯塔克设计的榨汁机"多汁的沙利夫"及其草图

"众里寻它千百度，蓦然回首，那人却在灯火阑珊处"是灵感闪现过程恰到好处的描写。没有创意的设计不是好的设计，但好的创意也不一定必然会转化为好的设计。因为这些刹那间闪现的设计灵感往往存在一定程度的模糊性和不确定性，是不成熟的，需要被理性不断地校正。创意仅仅是初稿，是生发优秀设计作品的脑力胚胎。清晰地、完整地记录这些瞬间闪现的创意灵感，以备进一步深化是十分重要的。因为灵感稍纵即逝，不及时记录就有可能很快被遗忘，而良好的绘图能力则有助于设计师抓住这些瞬间的智慧之光。计算机技术的发展使绘图软件变得越来越精细，效果也越来越好，但计算机绘图的过程较漫长，方式太机械，许多有灵性的创意也许就在不断地点击鼠标的枯燥过程中被磨灭了，最后出来的效果图可能仅保留了那些机械、呆板和程式化的东西。与计算机比较起来，铅笔和稿纸是易得的、便捷的、直接的。这些工具和材料的特性及优势更便于记录，而且，有草图记录习惯的设计师更容易抓住灵感。英国设计师艾伦·佛莱彻以简洁的淡彩绘画风格称著于世，当被问及原因时佛莱彻的回答是手绘"更方便"。（图77）

许多著名的设计师和设计教育家对计算机在设计的各个环节中无节制地使用持谨慎的批判态度。有人甚至把设计创意的贫乏归于计算机的滥用。德国著名的平面设计师冈特·兰堡认为"我们的艺术设计随着计算机的使用而日趋衰退"。他还反对设计师在工作中使用太多不同的工具,提倡"人们应该使用身旁伸手可得的工具,这些父母随手放置的工具会把美学历史的因素带到设计中来"。试想,当一个设计师连基本的绘图工具——画笔都不习惯使用时,离开计算机他还能做什么?所以,设计师应该重视手绘的能力,培养必要的、基本的动手能力和技巧。因为对于设计从业者而言,手绘不仅仅代表一种古老而传统的技术方式,在技术的背后还蕴含着更加重要的和积极的意义。

国际上,许多著名的设计师有利用图形记录思想的习惯,甚至和跨语言文化的设计师之间交流思想时也会利用图形这一有效工具。这不仅仅是为了方便思想交流,更重要的是他们在有意识地锻炼自己的图形表达能力和图形思考能力。对于这些著名的设

图77　手绘草图更方便、更容易抓住设计灵感

计师而言，图形既是一种思维表达模式，也是一种生活的习惯与理念。包豪斯设计学校开创了艺术与技术相结合的现代设计教育模式，在"包豪斯宣言"中呼吁"建筑师们、画家们、雕塑家们必须回归手工艺"。的确，艺术属于感觉、知觉的范畴，很难被解释和描述，当然也就很难被通过语言来教授。包豪斯希望通过技艺的学习和把握来提升学生艺术感知的敏锐性，进而提高审美和设计能力。可见技能的学习不仅仅是学习技术本身，更重要的是对美感的深化和促进。同样，进行手绘图形的训练也有助于培养敏锐的设计感知力。设计的描绘过程是体会与发现形式美的过程，当图形的每一个细节流露于笔端时，设计师实际上是在不断地感知面前的作品美的强弱和变化，并根据自己的既定目标及时地做出调整。因此，我们不能把手工绘图看成单纯的技术行为，更应把它作为提高设计感知力和提升审美能力的渠道来积极地对待。

艺术感知力是所有艺术从业人员最重要的素养之一，是决定其今后成就大小的直接因素。原始的创意草图和设计成品相比存在相当大的不成熟性，是不完善的。但正是这种不完善性和不确定性，才使设计师的思维有了进一步发挥的空间。同一草稿可能最终演化为差异较大的设计成品，通过对草图的不断修正可以使设计得到深化。这样做，不仅可以丰富设计师的表现语言，同时还避免了"设计行为在构思阶段因为使用不当的工具而过早地专业化"。设计语言的完善性及丰富性是衡量一个设计师是否成熟的重要标准。手绘是自由的，同时也是宽容的，在这种自由与宽容下，设计师可以通过画笔让思想驰骋在广阔的设计天地，创造更加丰富的设计语素，探索设计无尽的可能性。

设计如果太依赖计算机软件，必然也会削弱对创意思维的培养。因为对电脑软件的使用会导致习惯性地通过鼠标点击来搜索和寻找设计创作素材，而不是通过头脑来思考寻找创意灵感。

设计作为美术的分支学科，从其产生开始，就与其他美术学科保持着密切的关系，从中吸取有效元素并逐渐发展壮大。悠久的绘画史积累的光辉成就无疑对设计学科的发展产生过强大的推动作用，比如在招贴画设计方面，设计师借鉴超现实主义绘画的表达方式产生的著名招贴画作品便是典型的例子。在招贴画创作中有重要贡献的"欧洲视觉诗人"，其主要成员的作品均能看到达利和玛格利特作品的影子；此外，埃舍尔在绘画中严密的数学推理和视幻空间又启发了多少设计师的创造灵感，极少主义绘画则对简约设计提供了创作的灵感源泉。

在发展民族设计风格的口号下，许多设计师打着民族化的旗号广泛地套用本土艺术样式进行设计创作。吉祥图案、民间剪纸、戏曲脸谱不断地被移植到他们的设计作品中，提升了作品华美程度的同时却造成另外一种千篇一律。究其原因，这和动手能力不强，绘画底子太差，缺乏审美，没有图形深化，改造能力有着密切的关系。设计师只知道通过挪移法移花接木，而不是在民族艺术的海洋中进行创造性的发挥和创作，让自己的创意真正从民族艺术的土壤中生发出来。同时，受艺术感知力和手绘能力的限制，作品的民族内涵往往只是一些表面化的东西而已。艺术设计是一门综合性学科，设计水平取决于设计师的综合素质。而且，设计在很大程度上还是一门手艺活，一味地依靠计算机技术，漠视手工绘图能力显然是不当的。

也谈设计改变生活

20世纪30年代，美国通用汽车公司为了提升产品竞争力在企业内部成立了"造型和色彩企划部"。从今天的观点来看，它是一个纯粹的设计部门，纯粹到只负责企业产品的造型样式和色彩问题。通用公司的这一做法开启了工业企业内部自置设计部门的先河，也体现了通用公司对产品美学品质的高度关注。"造型和色彩企划部"的成立为通用公司带来了前所未有的成功，一时间，通用的产品以设计感十足的造型和时尚的色彩迅速扩张着市场份额。这个"造型和色彩企划部"不断推出新产品的同时也十分注意售后市场的情报收集和信息反馈，对原有产品在造型和色彩上存在的不足总是能及时予以纠正。于是，通用公司总是能够在很短的时间内，就对同一产品的造型和色彩进行改变和升级，为人们带来惊喜的同时也刺激着大众的购买欲。通用公司自置设计部门的做法被视为一种成功模式，许多企业针对这一做法进行了深入的研究和模仿。

其实，成立"造型和色彩企划部"是通用公司重视产品美学品质重要性的结果。他们抓住的是设计，希望为客户提供更优质的设计服务。当一款产品在功能上可以完全满足消费大众之后，他们还需要什么呢？又是什么原因，会促使一个人愿意付出更多的金钱去购买两件功能完全相同的产品中的另一件呢？历史的经验和心理学都告诉我们，当然是美学因素。任何人都愿意选择或愿意拥有更新颖、更好看的产品。通用这种想方设法变更产品造型和色彩的做法，使企业产品链上新品层出不穷，新产品提高了市场占有率，打败了竞争对手，同时也埋葬了通用自己的旧产品。然而，这种替代或更新并不是功能上的，而仅仅是因为其造型和色彩这些美学因素。可以说，美国通用汽车公司是世界上最早重视现代设计并且把现代设计提高到战略层面的企业之一。直到今天这些归属于企业体内部的设计运作方式还被许多公司所执行。当然，通用以造型和色彩实现产品更新换代，促进销售的做法更是被发扬光大。

第二次世界大战之后，世界经济遭受战争重创而一蹶不振。美国本土虽然远离世界大战的主战场，但是在这一场空前的破坏和危机里，美国经济同样遭受到沉重打击。产能过剩和消费不足严重地抑制着就业，而失业率过高又反过来抑制着消费和生产。为了刺激消费，带动生产从而盘活整个企业，通用汽车公司的总裁斯隆和设计师厄尔在通用汽车公司中创造了一种汽车设计的新模式，即"计划性废止制度"。按照他们的主张，在设计新的汽车式样的时候，必须有计划地考虑以后几年之间不断地更换部分设计，基本造成一种制度，使汽车的式样最少每2年有一次小的变化，每3至4年有一次大的变化，造成有计划地式样老化过程。这种促进产品自我淘汰的法则很快引起美国政府的关注，政府意识到通过设计可以人为地缩短产品使用周期，进而促进消费，扩大生产的可能性。于是"计划性废止制度"在工业制造领域全面推行，并逐渐上升为一种国家竞争策略。从此以后，工业产品的使用周期不断被人为地压缩，越来越短。

"计划性废止制度"在随后的年代里，在全世界范围里被"发扬光大"。先是工业基础发达的欧洲国家，再到20世纪60—70年代经济和制造业迅速腾飞的日本、韩国等新兴经济体，再到80—90年代崛起的第三世界国家。而每一次推广又伴随着享乐主义的消费狂欢跨越性升级，产品的使用周期进一步缩短。"计划性废止制度"带动经济迅速发展的神话背后，以有限资源的巨大浪费和全球自然环境的严重污染、恶化作为代价。缩短产品寿命无疑会制造更多的工业垃圾，制造更多的新产品也必然会消耗更多的能源和原材料。"计划性废止制度"和实现人类可持续发展相悖，和绿色运动相悖，是反"绿色设计"的典型。

今天为产品预设生命周期，有计划、有步骤地强制淘汰产品的做法几乎被所有的工业企业所遵循。就以目前和我们生活密切相关的电子产品为例，大型品牌电脑、手机的研发周期一般都定义为一年，另据资料调查显示，三星、苹果、戴尔等品牌的则更短，大约每10个月进行一次设计升级，企业产品研发部门必须在这一周期内推出热销产品的更新换代品。而事实证明，这些换代产品性能的提升往往是微不足道的，外观造型或色彩质感的提升才是主要的（有的电子产品兼有使用方式的变化）。可见设计和美学的因素远远大过功能的因素，产品更新更多的是造型设计更新。企业试图通过新产品为消费者传递这样一个信息，先前的产品已经被更新，它不再时尚，不再新潮。新产品以时尚的外观和色彩抓住客户购买欲望的同时也为旧产品掘开了坟茔，于是完好无损，使用起来没有任何问题的物品被弃之不用。被替代更新的工业品就像不再流行的衣饰，被闲置起来，在一段时间之后又被抛弃，不可逆转地转化成工业垃圾，其中的有害物质则继续污染着河流、大地以及天空。设计在此时早已经演化成为材料浪费和环境污染的代名词。

人们常说"设计服务生活"，在消费为设计根本导向的现代社会里，设计通过消费方式的设计进一步改变人们的生活和行为方式。实际上，"样式主义"设计所谓的更新换代无非是一种假动作罢了，消费者并没有从中受益多少。我们说好的设计是引导消费者，引导一种时尚舒适的生活方式，而商业主义下的消费设计完全是为了设计而设计的行为，将一种好似滥情般的设计产品堆放在消费者面前，让消费者由陌生的好奇到熟悉再到厌烦。关于流行，有人甚至解释为："流行是对好品位的忍受周期，因为经典是永恒的。"

所有的人造物都会被赋予人的意志和欲望。这些被商业利益最大化思想浸润的物品通过消费和使用也在逐渐影响着使用者。比如，我们因为现代生活的快节奏而广泛使用廉价的一次性物品，同时这种低值易耗品也成为现代快节奏生活的加速器。生产得越多，则消耗得越多，消耗得越多就要更多地生产，更多更快的生产是为了更多的消费，更多的消费需要更加勤奋的工作，更勤奋的工作又制造更多的产品，更多的产品又需要更大规模的消费，如此往复，不停循环。在这种悖论和怪圈中，设计又扮演着怎样的角色呢？早在1855年，英国思想家约翰·罗斯金面对当年伦敦水晶宫的世界博览会不无担心地指出，"产品美学品质的下降进而会导致人们审美水平的下降，审美水平的下降进而会导致人们道德水平的下降"，多么可怕。人们经常会说"设计改变生活"，但这种改变是好的抑或是坏的却需要我们仔细地斟酌，造物背负着巨大的社会和伦理责任，设计作为人类造物活动的规划、预想环节，需要"慎之又慎"。菲利普·斯塔克曾经说，"对于我而言，设计是一种探索生活和存在的哲学方式"。在斯塔克奢华的作品背后，我们照样能够读到经典和永恒，体会到生活应该拥有的宁静优雅和浪漫幸福。笔者希望所有的设计都能够使我们的内心归复止水般的平静，也希望所有的物品都能够使我们的生活节奏慢一点、再慢一点，让我们有时间、有心情在一个饱含人文气息的环境中以放松的心情去享受生活的简单和精神的丰满。（图78）

海德格尔说："如果人作为筑居者仅耕耘建屋，由此而羁旅在天穹下，大地上，那么人并非栖居着。仅当人是在诗化地承纳尺规之意义上筑居之时，他方可使筑居为筑居。而仅当诗人出现，为人之栖居的构建、为栖居之结构而承纳尺规之时，这种本原意义的筑居才能产生。"——愿设计朝着"诗意栖居"的终极方向树立理想，改变生活。

图 78 菲利普·斯塔克设计的作品诠释着简单的优雅和浪漫

后　记

　　对于我而言，走进设计造物的世界，多少有些偶然。1995年，我大学毕业，即被分配至天水师范学院美术系任教，当时的美术系规模很小，只有美术学一个专业。因其师范教育的性质，培养方案中有一部分设计基础课程，系里又缺少这方面的教师，我因此从"纯艺术"转型，开始钻研艺术设计，从事相关课程教学。最初，我对设计的认识停留在"装潢"这个纯美化的阶段，但就是这一浅薄的认识和学为人师的良知使我徜徉在艺术设计的世界里，于认真备课、资料研究和设计实践中开阔了眼界，丰富了学识。现在回想起来，我那时的初衷和努力的重点都放在了如何做好具体的设计作品上，设计理论很少研读，至于设计的深层意义则从来没有思考过。

　　2000年前后，我对史前陶器发生了浓厚兴趣。甘肃有着史前文化非常丰厚的土壤，天水更是如此。时值古玩市场逐渐放开，散布于民间的金石书画和偶然出土的陶、瓷、玉器被聚集在文物商手中，堂而皇之地交易、流散，这其中不乏一些精品。我被那些远古的史前器物深深吸引，流连于器物堆积、真真假假的古玩市场，难以自拔。在周边市县到处蹚摸，看那些"花罐罐"，琢磨它们的制作工艺、文化分期、艺术水平成为我业余生活中最重要的一部分。为了提高认识水平和鉴别能力，我查找相关资料，仔细研读，这种"玩物丧志、不务正业"的生活竟然给我带来一份内心的宁静和归属感。对史前陶器造型、纹饰的长期把玩、对比、甄别积累的心得，使我对史前造物有了一些并不深刻的了解。当然，随着这种认识和解读的深入，触类旁通，促进了我对整个设计造物活动认识的深化，同时，也使我在设计教学和实践中更加得心应手。

  2003年，出于工作和提升自身能力的双重需要，我进入中央美术学院，学习"设计管理"相关课程。当时"设计管理"这一新专业刚被引介国内不久，中央美术学院也是首次开办该专业方向的研究生课程班，因此多有国内外知名专家参与教学，授课方式开放。课程内容涉及设计伦理、文化、政策、法规；设计项目的定位、策划、流程管理；设计史论、美学；设计的市场营销、商务沟通等方方面面。想要顺利完成这些课程，就必须在一个较高的层面以更加宏观的视角看待设计造物活动，这一阶段的学习引发了我对设计根本目的和价值的思考，颠覆了我原有的设计观。从那时起，相关思考就从来没有间断过，然而，我接受的教育背景和工作的重点毕竟只是传统学科分类中，以艺术学为一级学科下的艺术设计及其教育，要想厘清设计造物的深层价值和意义这类宏大的话题必然会力不从心，我思考的切入点、方式和结果也都存在一定的边缘性。所以这些思考的结晶中的错误和疏漏在所难免，更加难成体系，但它毕竟比较忠实地反映了我的所思所想，愿此书的出版不是一个总结，而是能够成为交流的起点，希望持不同见解和对此类话题有研究的朋友不吝指正。

  最后，要感谢我的家人，是你们的期待和支持促使我顺利完成了书稿。特别要感谢中国社会科学院对设计史论有深入研究的梁梅老师和我的大学同学张学忠博士，感谢你们在百忙之中抽出时间阅读拙作并为之作序，并一道感谢我生命中所有的师谊和朋友们。